駱雄華 著

海軍左營眷村憶往

塵土上的陽光

海軍子弟，歡天喜地，親愛精誠，一團和氣。
海軍子弟，頂天立地，兄弟姊妹，人人成器。
公共信條，仁勇與智，大家勤學，崇禮尚義。
孝悌忠心牢牢記，三民主義最有為。
精忠報國立志做大事，
精忠報國立志做大事！

——《海軍子弟學校校歌》

推薦序一　眷村和駱雄華

汪啟疆

我們找到了甚麼？

同駱雄華通了電話，請問他對這本書所要說的是甚麼？回答很明確簡潔：關於自己在左營長大的過程，生活歲月深厚，已被一疊疊時間覆蓋的少年記憶。

翻開冊內種種，不能不產生一些真誠的敬畏。對於眷村、軍區、配給糧的種種痕跡，成長中如影隨形的戰爭威脅，軍人子女極普遍特殊的：反攻大陸與血洗台灣的驚悸情愫，以及傳承父兄的戰鬥遺傳……他都甚少落墨，言來儘多是年少生命真摯率性的天真燦爛。駱雄華翻開初中年代的，就是環境生活裡的簡樸、真實和自得其樂的坦率誠意。

曾在雷馬可名著《西線無戰事》中讀到戰場碉堡壕溝中，對一些生命強韌的野花的凝視；以及作者把書中主角死亡定位在戰場最安靜無事的一日。……讀這本少年遊，就有淡化碉堡壕溝，祇落筆野花凝視的情懷；杏花吹滿頭，把所有苦難淡化，祇贉心靈內的青春無羈之態度、消弭不了的喜悅。這份愉悅一路走來，成為書中最感動的力量；簡單、細緻。少年人眼中的無限生命活力，……在任何苦難逆境，某種毫無準備，但絕然面對的，不往心裡擱放的前邁心性。

我曾問父親

我曾問過父親，他少年、青年、中年的成長歲月不斷面臨北伐、剿匪、抗戰、國共內戰，轉進台澎，「一年準備，二年反攻」的苦難、挫折，直到反攻無望終老台灣的心路歷程。老人卻從不向我回應。直到某次我認真的詢問：「爸您的一生真是個苦難的歸納，隨同眷村老去」的結論時，這位軍人為我輕率的語言所激怒，他嚴肅的指著自己眼睛，冷靜地說：「我用這雙眼睛真實看過你所說的歷史」。這就是他的存在價值。我想著，然後悻然無語。

艱苦時代有它另外的註解時，整個生命空間就展大了。

駱雄華寫這本書，也具有這樣的觀瞻性。他用新一代的唐山過台灣作起始，敘述到和平的一生，父親回答的：「了無遺憾」作終結。極若滿樹繁花般自記憶中走來，一路都有影響，但一切似乎也都成了駱雄華的個人陪襯，世界的存在是跟著人與事的記載而形成、而凝固，他以緬懷之心綰結了片片落瓣。

我們失落了甚麼？

讀著內容就似看到一隻蜘蛛回到了牠的舊網。時間回溯，牠把所有絲絡都重新吞吃，開始另以此刻之我，蛻化昔日之我。許多的感動，就是網罟重新編織又結黏回憶，但竟沒有讓人讀來與那回憶的距離；一切仍像是在即有中發生。他對那時代初中生之間打架，也能給人目睹般的現場感；但最令我動容的，是他對那時青少年之間，性格、性情上最清晰的剖析：「在我看來，當年我們班打架不是打假的，但也不能算是打真的，因為打完了就算了，很少有人再找幫手尋仇報復的事情。其實大家都沒有深仇大恨，只是那段時間打架是一種風氣、一種時髦情調，雙方不過是為了打架而打架，有點像是拳擊手例行的練拳運動」。

多麼清澈的天空和心境啊，那在民國五十年代的時光裡，所具有的那份乾淨，在這本懷舊之書裡，都極簡短明亮。以現時現刻的台灣現象而言，比襯之下，我也想及幼年時所看葉宏甲先生繪畫出版的哭鐵面、笑鐵面；人把自己隱密地藏在這兩具臉孔後，發生的種種，忍不住寫下了：美醜，都是一份乾淨。因為駱雄華給我們寫出了另一個時空他的生活，他的眷村，他的左營，正如他最初給予的書名《戰後，在台灣長大》，他的台灣，他的觀感。他祇作憶述，不作剖析。

如果過於瑣碎是駱雄華這書裡的切片，當是顯然的。一群螞蟻在自己這路上跋涉。這份行列、現象，每隻螞蟻所銜負的，都不致影響牠的專致。

這就是一份乾淨

這本書的告白，是諸多照片的複製與剪貼，有其龐大性；但卻也顯現在每張照片匯集、不連貫的片斷中。這本書不是小說；亦非完整的散文，而屬自己活著，那個片斷就在這活著的裡頭存在著。作了一份確證。我真佩服他的深思強記本領，剪刀使用得多，卻把人物、名字、發生了甚麼，能在幾十年後一一寫出來。單憑這份感情烙印，就值得肯定。

具備的乾淨。就是那個時代，環境與生命，所映現的陽光性質吧！

二〇一四年八月四日於左營

（汪啟疆：海軍退役中將，台灣著名散文作家）

推薦序二　迎向陽光

鄧佩瑜

初識阿駱於民國六十一年，那年夏天他與其他五位東吳大學的同學，一起成為了快樂兒童中心的志工大哥。光陰似箭，迄今與阿駱相識已超過四十年，當他寄來這本《塵土上的陽光》文稿，請我幫忙寫序文，雖然才疏學淺，自是義不容辭應允。

在這本我認為是自傳式的札記，共分為十六篇。於第一篇「新唐山過台灣」，阿駱由自己生命源頭說起，記述他父母親結婚後，不久就因「國共戰事」不得不在烽火中各自千辛萬苦逃離大陸，及至在台灣重逢的故事。當讀到駱媽顛沛流離輾轉逃難，於輪船開進基隆港時，還緊抱著已於中途死亡的女嬰不放，心裡唯一的念頭就是要讓企盼中的丈夫「親眼看看孩子」。接過孩子，駱爸繃著鐵青的臉，找到一個正在填土的亂糟糟建築工地，就把孩子給拋了進去。當那孩子落地時「碰」的這一聲震響，不但就像大鐵錘打在駱媽的心版，永遠刻骨銘心。讓我的眼睛也模糊了！心中頓時燃起一股想將此書立刻翻看到底的意念。

以上這個力道很強、略帶悽慘的開場，卻配有一個充滿感恩之情、讓人心平氣和的「結語」。而最撼動我心，讓我感同身受的正是最後一篇〈結語：塵土上的陽光〉中提到的「全球原子大戰」和「血洗台灣的國共大戰」兩大「生命威脅」。也頗能體會他於此篇對「幸福人」所作的定義為「任何有幸能在和平歲月中無恙地度過一生的人」。有幸能為這樣的人寫序，幸福的感覺也油然而生。

第二篇至第十五篇為本書真正的主體，記述的是阿駱於民國四十年在高雄出生後，自他三歲有記憶起至初中畢業的十二年間，隨著父母遷徙澎湖、高雄、鳳山、左營四地居家生活、求學過程與成長歲月中各階段的種種際遇、趣事、憾事、糗事，和調皮不失準繩的實錄，讀起來令人有心酸也有歡喜。

其中述及大高雄地區的街道、商場、小吃店、電影院、糖廠、甘蔗田……幾乎都是我足跡曾遍及的熟悉場所，因為高雄也算是我的「故鄉」，是我度過童少年時光的好地方。當時的省高女中正是育我初高中六年的母校。當時幾乎每班學生都有來自左營的海軍子弟。他們每天都搭乘海軍交通車上下學，一大群人浩浩蕩蕩地，好不熱鬧！至今猶記得，某次載運海軍子弟上學的專車，於途中發生事故，延誤抵校時間，使母校當天的升旗朝會場面顯得異常冷清、淒涼之景象。何況，班上有好幾位同學都是畢業自海青中學、同住左營眷村的海軍子弟，他們優異的學業與才藝成績表現，令人印象深刻。所以我對海軍軍區和眷村的種種描述，感到特別親切。

讀阿駱的文稿，心中覺得舒暢、豐足，因為他文筆流暢、文風樸實，而且「言之有物」。他自比喻為勤勞的漁夫，努力在腦海中撒網撈取記憶。他不時上問長輩，還上網查詢、求證資料，企圖將每一段記憶中的故事，都弄得清楚完整，並且將之鋪陳得縱橫有致；歷史性與地理感並蓄、廣度與深度兼具。

基本上，他都是縱向的按時序排列所記得的故事，橫向的描述其內容。但也會橫向的描述完當年「久遠事件」的內容或經過，若干年後的某個時間點或者就是「現在」，再以「當下」的眼光或心情去作縱向的回顧，或將自身的「小事件」與當時國內發生的「社會大事」或國際「時事」作連結。引領讀者穿梭於不同的時空，去感受他淵博的知識和寬廣的思緒。

所以，讀者翻閱介紹鳳山與左營兩地時，會先於篇首讀到這兩處史地方面的簡介；在讀到民國五十一年台灣鬧霍亂的同時，可讀到「柏林圍牆」的興建與拆除史；在他回憶海青中學的特殊師生時，也可讀到「美國甘迺迪總統遇刺事件」之始末。此外，由〈反攻大陸〉和〈讀者文摘〉兩篇，又可得知「國光計畫」的真相，以及一本好雜誌如何影響一個人和家庭。這可都是本書讓人感到豐富無比，欲「看」不能罷手的主要原因！

認識阿駱四十多年來，我們一直維持聯繫，眼看著他在夏令營地裡為小朋友服務、交女朋友、畢業、當兵、結婚、生子：到美國深造、回台灣、移民加拿大、又到中國大陸去發展，最近竟喜孜孜地告訴我他當爺爺了耶！他給人的感覺一向是熱情、幽默、點子多、才華洋溢……快樂兒童中心夏令營營地的精神堡壘就是當年他利用一些廢物（破鍋、畚箕、草繩、竹竿等）搭建的，十分牢固。漆上油彩後，變得鮮艷充滿童趣和原野味，一直被沿用了二十多年。讀完他的自傳，對他又多一層了解；原來他還很能寫文章，真是能動能靜，能武也能文耶！

人生的際遇總是如此微妙。他一路的認真與堅持，在父母的關愛，上帝的安排下，我真實地看到他持續地創造豐富的人生，不斷地迎接絢爛的陽光。這本有驚險、有苦、有樂，酸甜交織的故事書，縱使沒有男女情愛，但依然趣味盎然，值得你我品嚐。

二〇一四年九月　台北

（鄧佩瑜：資深社教工作者，曾任快樂兒童中心主任、現任群我倫理促進會秘書長）

推薦序三　雄華小時候那些事

謝瑞蘭

從認識雄華開始，他那童年的故事一直就是我最愛聽，而且百聽不厭的。小頑童剛從軍港游完泳，一排排濕漉漉的小屁股印，印在被太陽烤得熱騰騰的水泥地上。隨走隨坐，坐個十下八下，短褲也曬乾了。家庭自製克難炮彈箱熱水器「碰！」一聲悶響，嚇得客人幾乎要全裸地從浴室倉皇逃出。還有抓蜻蜓、偷吃甘蔗、吊著糖廠火車跑、滿山遍野拿個小棍子探險……，這些對於我這個台北長大，放假就被父親關在家中，逼著背唐詩三百首的城市小女孩而言，是多麼有趣而令人羨慕。

聽這些故事久而久之，也就成為自己的記憶，跟著回到了南台灣的豔陽之下。也不知什麼從時候開始，這些雄華的童年回憶演變成整個家庭的娛樂節目。和朋友聊著天時，我還會要雄華學著他的老師「翟老虎」念口訣給大家聽。只聽得他用鄉音說：「翟老師！胖胖地！向前走，是胖胖地！向後走……還是，胖胖地！」，往往會得到滿堂彩。有次在山東，雄華學著「畢媽媽」搖頭晃腦地用山東腔念〈林覺民與妻訣別書〉中，「意映卿卿如晤，吾寫此書淚珠與筆墨同下……」時，在場的山東朋友立刻跳起來開心地說：「就是這樣發音，就是這樣發音。」

兩年前，雄華偶爾和我聊起他初三那年的拔河比賽。在決賽兩隊選手僵持的那一刻，他和一位正在場上的同學，突然間眼神交會，讓他及時地喊出了第一聲加油，使班隊反應過來，一拔成功。接著，他去研究當年的賽程安排，隨著研究，當年的場景、人物、細節開始生動起來，這段回憶越來越精彩。於是，雄華開始了他的寫作歷程。寫完拔河的故事，他又想起了初中畢業露營時的一場車禍。就這樣，從小到初中畢業，一段段回憶就成為了文章。

雄華一邊回憶過去，一邊研究著當年的歷史背景、發生的社會事件和世界大事。於是一個個小小的故事背後，漸漸有了歷史的支撐。這本回憶錄好像已經不再是個人的故事，而是當時台灣整個社會的一個小縮影。

再往上追溯他個人的根源時，婆婆在民國三十八年逃難的那一段經歷浮現出來。這個家中每個成員都耳熟能詳、倒背如流的故事，藉此付諸於文字。一個十九歲的產婦孤身萬里尋夫，懷抱著沒有氣息的嬰兒坐在船甲板上，兩眼空洞望著海天一線。在她身後蒼茫的台灣海峽上，一百五十萬新移民隨著海浪顛簸起伏，一波波地湧向陌生的台灣島。於是第一章〈新唐山過台灣〉呈現出來。那段牽動著整個中華民族的歷史，也在雄華的查考下，簡明的鋪陳開來。

隨著思路的開闊，雄華開始意識到「外省人」這個名詞已經不能適用在外省第二、三、四代人的身上。生在台灣、長在台灣、情感根植於台灣的所謂台灣外省人，其實應該被叫做「台灣人」才對。

文章記錄過程中，雄華漸漸有了出書的念頭。一開始，我理所當然地認為這個想法不實際。因為，他既非名人，也不是作家，會有誰對他的回憶錄有興趣呢？但是，當本書第一章〈新唐山過台灣〉被我幾位小學同學看過，並得到熱烈的回饋及鼓勵時，我開始覺得這個想法也可以試試看。接下來修改文章、徵求書名、找出版商、邀請人寫序……，一步步就這麼順理成章地完成了。感恩的是，雄華的部份文字被朋友從台灣傳到美國、又從美國傳回台灣，就在這傳送過程中，書中那個時代的同窗好友竟然一一出現串連了起來，找到了同學會。這樣的收穫是始料所不及的。

因著這次雄華出書，我再一次看到了他是個有夢、肯付代價追夢，最終還能圓夢的人。雖然已過花甲之年，但這位「陽光老少年」，還在繼續他大大小小的夢。陪著他圓夢，我的人生似乎也開闊了！

二〇一四年八月

（謝瑞蘭：作者駱雄華之妻，曾為台灣電視劇及兒童劇編劇）

目次

1 新「唐山過台灣」

1-1 二戰結束

我出生前六年的民國三十四年，那年「第二次世界大戰」（中國的八年抗戰）終於在全球人民的盼望下結束了。這場人類歷史上最大規模、最慘烈的戰爭，影響了全球六十多個國家，十九億人的生活，造成的死亡總人數達到五千至七千萬人之間。

戰後勝利國中國從日本手上收回了被佔領的東北地區，和甲午戰爭中割讓給日本的台灣、澎湖地區。日本投降的消息傳來，台灣民眾欣喜若狂，整個社會掀起一股歡迎祖國的熱潮，日本人在台灣推動的「皇民化運動」徹底失敗。台灣社會根本沒有發生過因為日本戰敗而悲憤、集體「玉碎（自殺）」的現象。當年十月，首批國軍抵達台灣，部隊所經之處，民眾夾道歡迎，青天白日旗隨風飄揚。

抗戰勝利了，可惜中國人沒有等來真正的和平。國民政府與共產黨旋即於勝利的第二年爆發了全面內戰。剛剛打贏二戰的國軍在內戰中一再失利。

1-2 爸媽結婚了

民國三十六年內戰爆發的次年，我父母在江蘇揚州組建了他們的小家庭。結婚那天，我媽聽見飯店外面有人指著一塊牌子在講：「哈！瞧這兩隻『畜牲』也懂得結婚呢！」我媽不明就裡，順勢看了看那塊牌子，不禁啼笑皆非。原來我爸姓駱，我媽姓熊，那塊紅色牌子上端端正正地，用正楷寫的幾個大字正是：「駱熊府喜事」！

結婚當晚，洞房花燭夜。賓客散去以後，老爸這個常年在外，一切都要靠自己打理的年輕軍官，還得一筆一筆結算婚禮的帳務。一抬頭，看見新娘子坐在床邊累得直打哈欠，心裡不忍，說：「你累了，就先睡吧，我再忙一會就好了。」

不想，新娘子反應很快，立即說：「不行，你要先脫了外衣，我才能睡。」

新郎感到很詫異，問道：「為什麼呢？」

新娘子說：「我媽說你要把衣服掛上衣架，然後我把我的衣服掛在你的上面，以後一輩子我才壓得住你。」

新郎想不到還有這一招，覺得很有趣，一邊連聲說好好好，一邊笑嘻嘻地把他的新西裝外套脫了，掛上衣架。說：「現在你可以把衣服掛在我的上面，早點休息了吧？」這時候，第一天做「駱太太」的新娘子，我的老媽終於滿意地笑了。

爸媽結婚後，我老爸曾經帶新娘子回浙江老家省親，也分別接我奶奶、堂哥、表哥他們到江蘇生活過。他們停留在江蘇的時間都很短，主要的原因是語言不通、住不慣，讓我父親侍奉奶奶和提拔後輩的心願落了空。

從結婚那天開始，直至民國九十五年父親去世，小兩口從一無所有開始，浮浮沉沉地生活在大時代裡，胼手胝足、患難與共地生活了五十九年，嘗遍人生的酸甜苦辣。說實在的，他們之間「誰壓得住誰」的家庭競爭，早就不知道什麼時候煙消雲散、了無蹤影了。

時隔三十一年後還有續集……

民國六十八年我婚後大約半年，和新婚妻子瑞蘭離開爸媽的家，搬進台北縣（現新北市）中和南勢角的新房子。搬新家那天，我媽也跟著我們到新房子一起收拾東西。我發現媽媽幫我們把衣服放進衣櫥的時候，我的衣服一律放在上面，瑞蘭的衣服一律都在下面。媽媽看出了我臉上的問號，悄悄跟我說：「你的衣服要放在她的上面，以後才壓得住她啊。」她面露得意之色。

婚姻裡面，自己要壓得住丈夫，兒子卻要壓得住兒媳婦；這是哪門子哲學？不過，這可是我媽心目中認為「天經地義」的標準呢。

父母在中國大陸的結婚照

1-3 國共戰局

我父母新婚不到兩年，決定了千百萬人命運的「一九四九大遷徙」驟然來臨。歷史大河走到了「時代分界點」的民國三十八年。那一年國共形勢大致如下：一月，國軍因為戰敗、投降、被共軍收編等各種原因，總共損失了正規軍一百四十四個師，非正規軍二十九個師，長江以北的控制權落入共黨手中。蔣中正總統被迫宣佈下野負責。四月南京淪陷，五月上海淪陷。八至十月間，共軍以破竹之勢、摧枯拉朽，連續佔領華南各地。十月一日，毛澤東在北京宣佈「中華人民共和國」成立。

十月中旬，廈門淪陷，共軍直逼近在咫尺的金門島。金門若再失守，台灣島將失去重要屏障，直接曝露在共軍的威脅之下。十月二十五日，就在國民政府處於風雨飄搖、土崩瓦解；眼看著中國即將「全面赤化」的最後關頭，戰事卻出現了轉機。一場規模不算太大的「金門古寧頭戰役」，因為共軍過分驕傲輕敵而被國軍徹底擊潰，竟奇蹟般地穩住了岌岌可危的局勢。共軍的擴張因為金門戰役失敗而停頓下來，海峽兩岸分治的歷史從此掀開。

1-4 新唐山過台灣

「唐山過台灣」是所有台灣人都耳熟能詳的史實。歷史敘述的是明末鄭成功在台灣建立政權後，經過滿清統治，大陸先民陸續前往台灣開疆闢土、篳路藍縷的艱苦「移民」過程。明朝末年以後，福建、廣東、廣西地區大量向北美、南洋和台灣移民，他們自稱為「唐人」，所以他們的家鄉就是「唐山」。這種稱呼與河北唐山市並無關聯。在台灣，「唐山過台灣」一詞廣泛應用於歷史、文學、舞蹈等許多領域，都有緬懷先祖艱苦渡台的含意和感情。三百多年來漢人移民離鄉背井、冒險渡過海峽中間的「黑水溝」，留傳下一句台灣話：「唐山過台灣，心肝結歸丸」，意思是說去台灣時，心中戒慎恐懼、提心吊膽，不知道會有怎樣的結果。

民國三十八年國民政府捨棄了大部份江山，帶領約一百五十萬軍民退守台灣。從大中華角度來看，一百五十萬軍民約占總人口數的千分之三，不過是國民政府兵敗如山倒後的一點點「殘兵敗將」。若從台灣歷史來看，這一百五十萬人渡海來台的行動，卻無疑是新一波「唐山過台灣」的重大歷史事件。

新一波「唐山過台灣」的過程，充滿了緊張、慌亂、茫然與驚險的血淚故事。每一個新移民面對生死一線的處境，他們倉惶逃難、前途未卜的心情，跟歷史上的老移民相比，只有過之而無不及。

以下是我從小到大，聽了無數遍的，我父母被迫在大時代洪流中「過台灣」的故事。

1-5 夫妻離散

民國三十八年初，長江以北被共軍攻佔。我父母也隨著潰敗的人潮，流落到了人心惶惶的上海。初來上海，我爸找到了軍方的聯絡處，在那兒遇到不少昔日的同學和戰友。戰亂中組織力量大不如前，年輕軍官私下討論的，都是怎樣逃亡的事情。眼看著共產黨就要進佔上海了，軍人跟普通老百姓不一樣，多數不願意、甚至也不敢留下來接受共產黨統治。他們認為，自己是直接打擊共黨的人，共產黨人一定恨他們入骨，一旦被他們抓到「必死無疑」。意識到老公和自己的生命受到了威脅，我媽那時即使已經有了身孕，也變得堅強起來，她要我爸找到機會就先逃走，不一定要兩人守在一塊兒逃難，否則到時候一個也跑不了，反而會被共產黨一網打盡。

我爸連日在外奔波，尋找往南方去的機會。他永遠帶著一個小公事包，裡面裝的是他全部的證件和一支手槍。他的想法是，只要國民政府還存在，他就可以憑著這些證件找個工作，混口飯吃。如果不幸遇上了共軍，他就拿起手槍來和他們拼命，

「打死一個夠本，打死兩個賺一個」。

這天，我爸出逃的機會終於出現。他在警察學校走廊上遇到一個姓蔡的同學，跟他講，他們已經聯絡好浙江海邊的一條船，今天晚上就要啟航前往台灣。如果我爸願意在前面樹下幫他看著行李，等會車子來的時候，他們可以一塊走。不幸的是時間急迫，這次機會就只適合我爸一個人離開。

事情突然變得十萬火急起來，我爸急切地要跟我媽取得聯絡。想盡了辦法，最後才透過「警務專線」輾轉接通了我媽的電話，跟她說明情況。電話那頭我媽一聽我爸立刻就要走，也傻了眼，硬是幾秒鐘講不出話來。好在她的心裡還是有準備的，度過了第一時間的驚慌以後，我媽說：「好吧，事已至此，你就趕快走吧！不過我該怎麼辦呢？」

我爸下達了出發前的最後指示：「你到我老家去等消息，那裡人多，有飯吃。如果能到台灣，我會立刻想辦法接你過去。如果到不了台灣，我們幾個人可能會到浙江山裡打游擊，你在老家，我還是找得到你。如果你到別的地方去，我就找不著你了。」

我媽記憶裡的版本還有一句話：「等我三年，要是三年還沒有我的消息，男婚女嫁各憑自由。」與我爸的版本略有不同。

掛下生平最難捨的一通電話，我爸沒時間傷感，拎起自己的小包包，扛著老蔡的行李，趕到約定地點，忐忑不安地等待著不可知的未來。不多久，果然有一部中型吉普車遠遠迎面而來。我爸精神為之一振，正待趨前跟大家打招呼的時候，想不到，吉普車就在距離他十來公尺的地方，突然轉彎走掉了！

「哎，哎，這是怎麼回事呀？」

眼看著安排好的逃離機會絕塵而去，一時間「五雷轟頂」的感覺讓我爸愣在那裡，不知所措。我爸呼天天不靈，喊地地不應，心情登時從興奮跌到失望的谷底。好一會他才回過神來，一把抓起老蔡的行李，往警校教官宿舍走回去，汗水涔涔地爬到三樓，把老蔡的行李放回到老蔡原來的床位上。

就在我爸坐下來喘口氣，擦擦汗的當口，忽然聽見門外有朝這裡走來的人聲和雜亂腳步聲，抬起眼來就看到老蔡對著我爸直嚷嚷：「好了，好了，老駱你原來在這兒，害我們到處找你！」

怪了，他們明明走了，怎麼突然會出現在這裡呢？

原來他們幾個同學中只有老蔡知道要接我爸上車，而那時他正在聊天，沒看到車已轉彎。等到他突然想起：「老駱呢？我的行李呢？」的時候，車子已經開出了好幾公里。後來老蔡說服了其他人，決定開車回頭，花十幾分鐘找找我爸。

就這樣，我爸在共軍攻占上海前夕，戲劇性地離開了上海和懷孕中的妻子。他們當晚所登的船，其實並不是真正的輪船，而是用繩索拖在大船後面，許多條舢板中的一條。他們登上舢板，露天而眠。第二天一覺醒來，發現繩索已經被人在半夜裡故意切斷了，他們成了茫茫大海中的一葉孤舟。一行人沒有食物和飲水，在烈日下苦苦支撐了兩天才獲救，總算不幸中的大幸、有驚無險地抵達了台灣。我爸也因此染上了嚴重的胃病。來台後我爸到國防部報到，被派到台灣最南端的恆春「軍官團」接受整編和集訓。

我爸在我長大到聽得懂教訓的時候，才跟我講了他差點沒有搭上吉普車的故事。他說：「做人一定要厚道，受人之託，就要忠人之事。如果當時我一生氣把老蔡的行李隨便亂丟就走了，他們就是回來，也不可能找到我了。」當然，做人一定要厚道，我百分之兩百同意。不過聽完故事的時候，我卻捏了一把冷汗，心想：「好險，這十幾分鐘的周折，還真是決定有沒有我這個人的關鍵時刻呢！」

1-6 媽媽過台灣

我爸走了，只剩下我媽孤身一人滯留在陌生的大上海。不過，戰局變化實在太快，容不得我媽自怨自艾、胡思亂想；小老百姓心裡唯一的念頭就是「怎麼活下去」。我媽說，我爸走的時候，上海市區已經隱約聽得到遠方的炮聲。接連數日，炮聲愈來愈響，誰都知道大敵當前，共軍氣勢愈來愈旺。後來，炮聲停了，城裡到處響起劈劈啪啪的槍聲，雙方展開了激烈的巷戰，大包銀元和黃豆都被堆起來當作防禦工事。上海市民不敢出門，都縮在桌子底下，躲避四射的流彈。不知道過了多久，漸漸地槍聲愈來愈稀，終於沉寂下來。戰敗的國軍撤退的撤退，投降的投降，共軍進城了！

我媽記得，停火那天一早起來，全上海都變了樣子。無數的人手臂上綁個白布圈，跑到街上去歡迎共軍，一夜之間上海市民似乎都變成了「共產黨」。大批共軍，包括許多缺胳膊斷腿、躺在擔架上的傷兵，攙攙扶扶地進了上海，都睡在大馬路邊上。我媽的第一反應是，這些土裡土氣、精疲力盡的鄉下士兵，是怎麼把國軍給打敗的呢？

共軍進城了，我媽的自衛動作是仔細把所有東西檢查一遍，將所有與國民黨有關的象徵一一清除，包成一包，丟到井裡去。另外還包了一個包袱，裝些衣服細軟，準備按照約定經過杭州，再轉往臨安老家。

臨安縣城距離杭州四十五公里，我家距離縣城三公里，是有山有水的典型江南農村。與世無爭的農民們世世代代靠種稻米、抓魚、採茶和砍竹子為生。我媽投奔老家的時候，我奶奶還健在。我爸有四兄弟，大伯、二伯都在抗戰中去世，老么我爸從軍去了，老家只剩下三伯父當家。三伯有五個孩子，加上大伯留下的三個孩子，和我同輩的堂兄堂姊一共有八位。我媽挺著漸漸隆起的肚子，說著與眾不同的江蘇話，暫時在浙江老家安頓下來。老家雖然沒有戰事，但生活卻很拮据，媽媽還得從她隨身攜帶的金戒指中拿出兩三個來換米給一大家人吃。

杭州地區比上海淪陷還要早，臨安此時已經被共產黨控制幾個月了，新政權正在作全面統治的準備工作。我媽感覺到共產黨的影響正在一天天增加。提心吊膽地度過了兩個月，終於有一天村裡接到通知，說過幾天要召開「村民大會」，進行政令宣示、定成份、編組和「揪出壞分子」等活動。瞎子吃湯圓，我媽「心裡有數」，這會可開不得。一開會，她這個外鄉人講的是與眾不同的江蘇話，只要一開口身份非要暴露不可。身分暴露了，隨便一追查，就知道她老公是國民黨軍人，這可不是鬧著玩的。最後，我媽決定在村民大會以前離開臨安，堅毅的小婦人從此隻身踏上了萬里尋夫的征程。

我媽離開臨安的動機與目的非常單純，就是要靠她自己的力量去找我爸。我爸不是到台灣去了嗎？那就到台灣去找他好了。其實，「台灣」是個什麼樣的地方？在哪裡？怎麼去？她一點也不知道。我媽這種簡單、明確，而且堅持到底的作風，在她往後的一生中不斷地出現了許多次。

「萬里尋夫」的第一個動作是到以前的熟人那邊看看，打聽打聽有沒有什麼新消息。路過杭州的時候，我媽去看望一對夫妻，他們見到我媽就像見到鬼似的，嚇得半死。我媽第二天再去找他們，發現那裡已經人去樓空，他們連夜逃之夭夭了！共產黨來了，他們隱姓埋名都來不及，誰還敢跟你這個國軍家屬打交道啊！

我媽到了上海，拜訪了幾個認識的人，沒打聽到什麼消息，最後找到我爸的拜把兄弟王伯伯家。就像專門等在那裡一樣，我媽一進門就看見我爸給她的一封信躺在桌上。原來我爸到了台灣，立刻為我媽申請了台灣入境證，把它裝在一個寫好老家地址和我媽名字的小信封裡，然後外面再套一個比較大的信封寄給王伯伯，請他把裡面的小信封轉寄給我媽。為什麼這麼費事要轉寄呢？因為兵荒馬亂時期，我爸怕鄉下地方會檢查敏感的台灣郵件；而我爸有把握那時候上海、台灣之間的郵政還很暢通。

好在王伯伯延遲了幾天，沒有立刻就把小信封寄出去。否則信寄了，我媽又離開了臨安，就是折返回去拿，也未必能拿得到呢！我又一次發現，萬一我媽沒拿到台灣入境證，地球上一定不會有我這個人了。

收到了台灣入境證，我媽總算放下了心中的大石頭，找到了下一個方向。不過還有一件事讓她放心不下，她要到江蘇鎮江去一趟。

我媽結婚不久，外公、外婆就相繼去世，我媽下面還有兩個年幼的弟弟。局勢這麼動盪，不知道他們怎樣了？我媽到了鎮江，在那兒見到了兩個弟弟，佩琳十七歲、佩琦十四歲。兩人暫時依靠大哥過日子。但大哥情況也很不好，根本照顧不了他們。我媽很想帶弟弟們一起到台灣去，但她懷著身孕自身難保，一路上是生是死都無法預料，那裡敢保證弟弟們的安全和前途呢？我媽猶豫了很久，還是不敢貿然帶他們上路，深恐萬一遭到危險，反而害了他們。畢竟我媽那時也才十九歲，不幸的時代給了他們姐弟無法承受的難題與負擔。我媽當年沒有下決心帶弟弟們來台灣，心裡一直覺得是硬生生把他們拋棄了一樣。她自責、懊惱、後悔了三十八年，直到一九八七年重逢時，看到弟弟們都早已成年，各自有了安定工作和美滿家庭，才算了結一樁心事。

我媽回到上海四處打聽，找到了寧波附近「定海」這個還有船去台灣的小海港。好不容易在定海買到了船票，我媽正在為下一步發愁的時候，在碼頭遇見以前江蘇的一位「保長」蘇國民先生。人海茫茫，巧遇舊識，我媽這時即將臨盆，正需要別人的幫助，她急切地問蘇國民：「你太太來了嗎？」

「來了呀！」蘇先生不假思索地回答。

我媽頓時感到一陣安心，現在有事可以找蘇太太商量了。

蘇太太邀我媽到她家去住，一下子解決了我媽等船時的所有問題。那時候，定海的船期很不穩定，買了票不一定就能準時上船。想上船的人太多，船位「超賣」的情況非常嚴重。碼頭上謠言滿天飛，有人說下午就有船，又有人說三天以後才能啟航，議論紛紛，莫衷一是。時局太亂，唯一的辦法就是一步不離地守候在亂糟糟的碼頭邊上，隨時有機會就上船。

我媽住進了蘇家，發現租來的房子裡還住著另外幾個逃難的朋友。蘇太太手頭也不寬裕，每天只能煮稀飯給大家吃。不過，蘇太太總要在稀飯中濾出半碗乾飯來給我媽，她說：「駱太太快生了，得多吃點。」長大後，我媽常跟我們講，蘇家夫婦是她「一生的恩人」。

果然，到蘇家也不過兩、三天的樣子，我媽就肚子痛，要生產了。定海這地方有個特殊的風俗叫「見死不見生」，意思是說外人死在我家沒關係，卻不能在我家生孩子，免得外人把「福氣」都帶走了。房東見我媽要生孩子，硬是要她搬出去。我媽肚子痛得愈厲害，房東催得就愈緊，毫無通融的餘地。沒辦法，蘇國民夫婦只能扶起我媽，準備送她到醫院去生產。

夜深了，下著大雨，蘇家夫婦一邊一個地夾著我媽，沿著海邊朝醫院走去。從住的地方到醫院大約有三、四公里路，起先我媽勉強還能走幾步，接著陣痛愈來愈強烈，再也無法走路了。雨愈下愈大，海風呼呼地吹，蘇國民夫婦先是扶著我媽走，然後架著她走，最後簡直是拖著我媽走。蘇太太個子又小，我媽靠在她身上幾乎拽斷了她的膀子。我媽腿上滴著血，千辛萬苦地走著，孩子的頭都要出來了。但那還只是到了山腳下，醫院卻建在半山上面。我媽再也忍不住那撕心裂肺的疼痛，用最後的力氣說：「再也不能走了，要死我也死在這裡了！」蘇國民見狀，留下蘇太太看著我媽，自己跑到山上求援，帶了幾個人和擔架回來，才把我媽抬進醫院。

筋疲力盡中，孩子在大雨中的擔架上出生了，是個白胖的女孩，我的姐姐。

國事動盪，人民遭殃。我媽生了孩子以後，根本沒有得到醫院的照料。大部份醫生、護士都跑了，剩下來的人也都在商量他們的去留問題。醫院裡沒有東西吃，我媽在虛弱、無助與彷徨中還要撐起身子爬下山去買饅頭充飢。混亂、冷漠的醫院裡沒有人理睬我媽。其實，就是有人願意跟她說說話，他們也自顧不暇，沒辦法幫我媽的忙。好心的蘇太太肩膀被我媽拉得脫臼了，而且她家裡還住著很多人，所以也沒辦法來醫院探視。

我媽雖孤立無援、自身難保，處於極度困難的狀態下，但並沒有因此而失去同情心。她見隔壁床另一位剛生產的婦人，因為奶水不足，孩子餓得哇哇大哭，而我媽自己的奶水卻很充足。我媽問她願不願意讓我媽來幫她餵餵孩子？沒想到，那位營長夫人卻把我媽看成無家可歸的流浪人，一臉不屑地說：「呿！我的孩子這麼能喝『你這種人』的奶！」我媽好心沒好報，無端端受了一頓侮辱，令她萬分難堪，從此暗暗做了一個影響她一生的決定：「從今以後，不論遇到什麼困難情況，一定要自己解決，絕對不能讓人看不起！」

我媽在醫院稍微休息一兩天後，就抱起小娃娃回到碼頭繼續等船，想也不敢想還有「坐月子」這回事。

終於，前往台灣的輪船在大家引頸期盼中駛進了碼頭。眾人一哄而上，擠滿了船艙、甲板和一切可以容身的地方。我媽孤單一人行動不便，被人潮推來擠去，最後好不容易才擠到了鍋爐房上面甲板的位子，既嘈雜又悶熱。

軍情愈來愈危急，客輪在黑漆漆的深夜悄悄啟航的同時，共軍已經開始用探照燈在海上搜索了，一旦發現了可疑對象，立刻就會用機關槍掃射。客輪開進了台灣海峽，就在乘客們稍微鬆了一口氣的當口，我媽警覺到懷裡的新生兒似乎有點不對勁，不哭不鬧，漸漸地竟然「斷了氣」，出生不到十天的小寶寶竟猝然去世了！

幾個月來我媽挺著大肚子東奔西走，在大雨中生下了孩子，吃盡了千辛萬苦。此時確定孩子真的死了，我媽整個人終於「全面崩潰」！她的意識與身體頓時分開來了，突然忘記了周圍的一切。根據我媽的回憶，那時她的眼睛看得到東西，耳朵也聽得到別人講話，甚至還記得有人說：「這女人一動不動地抱著孩子半天了，是不是有問題？」但她的意識卻毫無反應，完全掉進「失魂落魄、呆若木雞」的境地。一直到輪船開進了基隆港，她還緊抱著孩子不放，心裡唯一的念頭就是讓丈夫「親眼看看孩子」。

我媽憋著一肚子話要跟我爸說，滿心以為船一到港，我爸就會在碼頭上等她。想不到，沒有任何人來基隆接她，我媽只好被移轉到一艘軍艦的船艙去等待保證人。按照當年入台管制的保安規定，如果三天內找不到保證人，所有來台人員就要原船「遣返大陸」。而我爸那時從台灣最南端的恆春出發往基隆，不但路途遙遠，還要先到台北辦一些必要手續，所以到了第三天下午才趕到基隆。我媽這時已經被管制三天了，氣得她「幾乎」要下決心，就是我爸來了也「不跟他上岸」！

根據我爸的敘述，他到軍艦上去接我媽，第一眼看到我媽時，簡直無法把她認出來。我媽那時因為營養不良而全身浮腫，臉胖得像一團發麵。頭髮、衣服都是髒兮兮的，胸前乾涸的奶水都已經結成了斑斑點點的硬塊，渾身散發出一股奶臭味。最令人難過的是，她手裡還抱著一個死去好幾天的嬰兒。

小夫妻倆經過半年的分離，再見面時恍如隔世，既辛酸又狼狽。面對不可知的未來，兩人沒有喜悅的感覺，唯有「重逢」所帶來的一絲安慰。大時代裡，骨肉親人一旦分離，從此再也見不到面的故事不知道有多少，我的父母卻因為我媽與生俱來的

「勇往直前」性格，而奇蹟般地在寶島團圓了。

離開基隆碼頭，我媽將嬰兒遞給我爸說：「孩子已經死了，你看她一眼吧。」上無瓦、下無地、身無錢，夫妻倆在基隆一個人也不認識。我爸還能做什麼事呢？他沒說什麼話，接過了孩子，找到一個正在填土的亂糟糟建築工地，繃著鐵青的臉就把孩子給拋了進去。我媽後來常說，當孩子落地時「碰！」的那一聲悶響，就像一個大鐵錘打在她的心版上，永遠也忘不了。

1-7 喘息

民國三十八年十二月底，國民政府正式遷到台灣。三十九年三月蔣中正恢復總統職權，喊起了：「一年準備，兩年反攻，三年掃蕩，五年成功」的口號。緊接著六月二十五日「韓戰」爆發，美國派遣第七艦隊巡弋台灣海峽。「轉進」台灣的中華民國才轉危為安。「韓戰」是二戰後全球冷戰的起點，如果沒有韓戰，共軍必將繼續進行攻佔台灣的軍事行動。金門古寧頭大捷加上韓戰的影響，海峽兩岸的軍事局勢才由直接作戰轉變為偶發性衝突的對峙局面。台灣人民雖然長期生活在戰爭威脅之下，海峽兩岸的關係，竟然磕磕碰碰地維持了六十五年和平歲月，總算幸運避開了血流成河的「國共大決戰」。

新一批一百五十萬「唐山」人，加上台灣原來的六百多萬本省人，福爾摩沙的總人數激升到了八百多萬，大約為當時全中國總人口四億五千萬的百分之二。這百分之二新、舊唐山客群居於台灣，是一個區隔於大陸政權之外的全新「生命共同體」，人們不管情願不情願，都正式開始了海島上的故事。八百萬人漸漸繁衍到了兩千三百萬人，從狼狽、驚恐、混亂、貧窮中走向安定，從安定中漸漸又趨於繁榮，甚至還在二十多年後開創過輝煌的經濟成就，成為亞洲四小龍之首。

1-8 我出生了

我爸領我媽到恆春暫時安定下來。那時軍人的家眷們隨便租個民房，都住在一塊兒。軍官們還得用「吃空缺」的法子，才能養得活老婆。什麼是「吃空缺」呢？就是上報軍餉名單的時候，多報幾個實際上並不存在的士兵名字，可以多領幾個人的軍餉。領到了薪餉，軍官們再朋分花用。「吃空缺」實際上是集體作弊行為，但軍眷們都沒有米下鍋，只要不是太過分，上級也裝作不知道。當然，兵荒馬亂時期一過，管理上了軌道，這種行為就自動消失了。

我媽二十歲到台灣，仗著蘇北人強健的體魄和年輕人的生命力，在恆春休養了一段時間，身體漸漸恢復健康。民國四十年四月，我媽在高雄又生了一個男孩。

「我」這個可愛的寶寶呱呱墜地。我媽按照我出生的「高雄市」與「興華街」地名，各取一個字，替我命名為「雄華」。兩年後媽媽在高雄市「大仁路」生了第二個兒子，這次她稍微修改了一下命名規則，用了大仁路的「仁」字，為弟弟取名為「仁華」。

作者一周歲時照片

2 澎湖與高雄

2-1 記憶的開始

民國四十三年澎湖海邊。那是一個溫暖的下午，天色漸漸轉暗的黃昏時刻。有個小男孩獨自站在他家附近，漫不經心地把玩著一支軍用小圓撬，在沙地上隨便挖來挖去。除了手上無意識的動作外，他幼小的腦袋裡這時正琢磨著一個他不會說，也不完全明白的問題，想要作出一個決定。

我這個剛滿三歲的小男孩，從牙牙學語以來，聽和講的都是直接從媽媽那裡學來的江蘇話。最近媽媽送我進了幼稚園，我發現周圍的人講的又是另外一種話，這讓我感到很迷惑，正在用心思考今後要說那一種話才好。儘管我無法說出確實的理由，最後還是作了一個決定，以後要專門講新近學到語言「國語」，而不再繼續跟著媽媽學著講江蘇話了。

一個三歲小孩的腦海裡當然不存在什麼「國語」或「家鄉話」這些詞彙啦，但那時候幼小的我，確實能夠感覺到語言上有明顯的不同，也直覺地想要在這兩種語言中間作出選擇。中國人在家裡講家鄉話，到了外面講國語，本來是非常普通的現象。但我和父母之間所講的話，卻只有國語，我從來都不會講流利的家鄉話。弟弟受我的影響，也不會講家鄉話。追究原因，竟然是我自己三歲時有意的決定呢！

2-2 澎湖生活

我雖然出生在高雄，但頭腦中最早的那些零零碎碎、糢糢糊糊的記憶，卻是從澎湖開始的。這些吉光片羽的記憶，包括了軍人、軍車、輪船、海風、海邊、釣魚、貝殼、花生田、田邊的防風牆和蒙臉蒙手的農村婦女等等，都是美麗的澎湖風光。概括說來，它們都是一些畫面，缺乏前後連貫的相關故事。我的記憶從澎湖開始，原因是我父親曾經攜家帶眷到澎湖去工作過一年多。那一年我的年齡是三到四歲之間，這是不會記錯的，因為比我小兩歲的弟弟才幾個月大，被大人抱在手上，有老照片為證。

我的母親是一個性格外向、身體強健的蘇北人，她不畏挑戰的生活態度，一直是我們家面對難關時最重要的支撐力量。民國四十年左右，全台灣的人生活都很清苦。軍人之家即使按月領有微薄的薪餉，但生活用度還是捉襟見肘、十分貧乏。暫居澎湖期間，我媽為了掙一點錢貼補家用，在軍營邊找塊空地，圍了個豬圈，養了四隻豬。兩隻小豬，兩隻中豬。餵豬的飼料，都是我媽從附近部隊，用肩膀挑回來的免費剩菜、剩飯。偶爾，爸爸或媽媽會把我舉高到豬圈邊上看豬。我就會唸叨著：「一、二、三、四，四隻豬，大的是爸爸和媽媽，小的是我和弟弟！」即使當時年紀那麼小，我還是注意到我老爸聽我把他比作「大豬」後，表情怪怪的，一點也沒有高高興興表示同意的樣子。

我媽帶著兩個小孩還要養豬，忙不過來，所以我剛滿三歲的時候就把我送進了幼稚園。我相信那個幼稚園一定離我家不遠，所以媽媽才放心叫我自己去上學，自己走路回家。為了避開馬路上的危險，媽媽告誡我，走路時一定要靠著路旁的城牆走，不能走到馬路中間去。後來很多年，我媽心情好時都會跟人說：「雄華小時候最乖了，我叫他靠著城牆邊上走，他就肩膀挨著城牆慢慢走，衣服都要被他給磨破了。」我想幼小的我，一定是規規矩矩地照著媽媽的話去做了。

不知道當年我扮演的「乖小孩」，是不是真的乖到把衣服給磨破的地步，不過我媽倒是真的很愛講這個故事。我小的時候她常講給她的朋友聽；我結婚以後，她就講給我老婆聽；等我做了爸爸，她又講給我的兒女們聽。我真希望她能繼續保持健朗的好身體，等我的孫子長大以後，再講給他們聽。

一個人出生多久以後才開始有自己的記憶和思考能力呢？我一向以為，幼兒一直要到五、六歲才能記得一些事情。想不到，當我仔細在腦海中搜索記憶的源頭時，竟然發現我第一次真正的思考，是發生在三歲的時候。好多好多年過去了，我的腦海裡居然還珍藏著這一段「決定要講國語」的往事，「記憶」這回事，真讓人感到不可思議！

聽說，每一個人的感情都屬於他的「家鄉」。那麼什麼才是「家鄉」呢？一個人出生以後，他的「人生經驗」就從成長的環境開始了。「經驗」沉澱下來形成「記憶」，最後轉化為情感、認同與內心裡永恆的「家鄉」。我發現，我腦海裡珍藏著許多段幼年時期閃閃發光的記憶，這些寶貴的記憶都發生在我的出生地台灣。那麼，我是不是可以算為台灣人呢？不過，不管我是哪裡人，總之我得趕快下點功夫，撒網將記憶中的寶貝，打撈到身邊來。不然年紀愈來愈大，這些閃亮的珍寶就真的要失散無痕了。

2-3 高雄三信合作社

話說當年台灣在一兩年內新增了一百五十萬逃離大陸的人口，這些人要吃、要住、還要找到能夠糊口的工作，對於二次大戰以後，原本就民不聊生的台灣經濟來說，的確是難以承擔。所有困難中，又以「住的問題」最難解決。初來乍到的外省人為了有個遮風避雨的住所而想盡了辦法，各顯神通、無所不用其極。

當年全台灣原有的公共設施和暫時用不著的房屋，像會所、學校、廟宇、倉庫等，都被政府機關、軍公教家屬們租、借甚至強迫「徵用」。許多既不是政府人員又不是軍人的外省人和他們的家眷，一時沒有找到工作，口袋裡的錢愈花愈少，乾脆佔據公園、公共建築的走廊、屋簷下，或是找個路邊、山邊空地，弄些木板、竹子，自己搭個臨時居所。最極端的情形下，還有一群人找到一塊墓地，直接在墳頭上面搭棚子住了下來，一住就是好多年。結果，大量不正常的臨時房屋充斥於各個城市，都成了「違章建築」。違章建築區內常常是擁擠不堪、蚊蠅老鼠孳生、衛生條件極差的都市之瘤。社會秩序逐漸穩定以後，不合理的居住現象才慢慢地解決，不過也有少數地方，拖了幾十年也沒得到有效處理。

我們全家在澎湖住了一段時間以後，又搬回到台灣第二大城市高雄，住進了一年多以前弟弟仁華出生的地方，高雄市鹽埕區「第三信用合作社」的三樓。三信合作社是高雄市一家歷史悠久的金融機構，成立於日據時代。它建成於民國二十四年，座落在高雄市大仁路、瀨南路的交會口，曾經是高雄市三大建築之一。它的三樓整層和一樓的一角，就是在「政府遷台」的大背景下免費借給了高雄要塞，作為軍人暫時安置

高雄鹽埕區第三信用合作社的現貌

家屬之用。

軍人們用台灣特產「甘蔗板」把借來的地方隔成十幾個房間，每間住一家人，挽救了幾十口人流落街頭的命運。十多戶人家的男主人多半是高雄要塞的軍人，還有一兩家不過是跟著軍隊來台的普通百姓，現在已經脫離軍隊，開始想辦法去做自己的買賣了。鄰居裡面有一家人姓張，爸爸在來台的路上作戰犧牲了，是我們中間的「英雄家庭」。樓上樓下有二十來個孩子，我最喜歡的就是跟張家那兩個大孩子們混在一起玩。借住在三信的人，平日從合作社後門進出，不影響合作社的日常經營。我估計國軍借住三信合作社的時間可能有六、七年之久，直到台灣各地陸續興建「眷村」以後，大家才陸續搬進不同眷村，將房屋歸還給三信。

借住在三信合作社各家的女主人們來自不同的省份，互相認識的時間也不長。但大家感情卻很融洽，都是離鄉背井的落難人，生活上互相依靠、互相照應。十幾家人共用一樓後院唯一的一個水龍頭和廚房，洗衣服或做飯的時候碰見了，話匣子一打開，南腔北調幾乎都是美麗的家鄉故事和千辛萬苦的逃難經過。就算是國難當頭，人們總還是有空閒的時候，記得當年那些年輕軍官和眷屬，休閒時最普遍的娛樂，就是「打麻將」。

2-4 大溝頂商場

三信合作社的後門，是借住人員的主要出入口，位於高雄有名的「大溝頂商場」之內。大溝頂是七賢路和瀨南街之間的加蓋排水溝渠。這條大水溝北起河西路，南到高雄港第三碼頭。像一條小河般的大水溝加蓋後，在上面設置了一長串集中商場，被橫向而過的馬路分隔成七、八段商場，每一段都有不同的特色。

大溝頂我家旁邊這段是「新樂集中商場」，靠三信這邊有三分之一商場是賣刨冰和肉丸、四神湯、肉粽等台灣小吃的飲食攤。剩下三分之二，是清一色的綢布莊。其中還夾雜著幾家為人家量身材，訂製旗袍的服裝店。

三信合作社後門的牆腳邊，就是小吃攤的食物加工場，有時候我會站在旁邊看婦女們忙著捏魚丸、煮魷魚焿、包粽子或熬骨頭湯。婦女做魚焿的時候，左手從大盆子裡抓一大把黏稠稠的白色魚漿，用手一握，從拇指和食指中間擠出一團魚漿，再用右手的湯匙把這團魚漿撥到一鍋熱水去煮，一擠一撥、一擠一撥，一會兒就煮了一大鍋魚焿。有天我聽我媽講：那個賣什麼的母女二人「可真是夠胖的」。我爸輕描淡寫地回應說：「對啊，她們每天把骨頭邊上的碎肉都剔下來吃了，想不胖恐怕都不行。」

小吃攤那些人從來沒分什麼東西給在一旁觀看的小孩吃，我也從來沒奢想爸媽會買那些冒蒸氣的美食給我吃，我和這些好吃的點心基本上屬於兩個世界，互不相干。不過我也不感覺嘴饞得特別難過，那時候大家都是這樣子，誰家也沒有閒錢給小孩買零食吃。

有一天吃中飯的時候，媽媽端著一碗熱氣騰騰的麵條，用筷子撈幾下把熱氣散出來後，就交給了我。我正吃麵的時候，老爸問我說：「這是什麼呀？」

我說：「麵條啊。」

「不是，我說的是這個。」爸爸指了指碗裡的一片菜葉說。

我說：「白菜啊。」

老爸說：「那白菜下面呢？」我翻開菜葉，原來下面有一個荷包蛋。

我爸笑著說：「今天是你五周歲的生日哦，吃了長壽麵和荷包蛋，你就六歲嘍。」

爸媽笑咪咪地看著我高高興興地把荷包蛋吃完。但是「生日」是什麼意思啊？我還真弄不懂呢。

記憶中大仁路對面的「大公集中商場」全是賣吃的鋪位，有大餅、饅頭、餛飩、水餃、小籠包、炒菜、炒飯……等各種南北小吃，是現代美食街的原始版本。當年正是高雄市鹽埕區商業最發達的鼎盛時期，用餐時間伙計們大聲吆喝拉生意、火爐裡火焰熊熊、師傅的炒鍋鏗鏘作響，人來人往，十分熱鬧。

「大公商場」再過去是「富野集中商場」有「賊仔市」之稱，主要出售的是船員們從外國帶進來的二手西裝、大衣等男人服裝，其中以日本人的舊衣物為主。你翻開那些衣服的衣襟，都可以在內口袋的上方看到繡有什麼「郎」、「雄」、「杉」之類的日本名字。

大溝頂靠港口那邊的一段叫「堀江商場」，一家一家「委託行」出售的全是稀有而昂貴的舶來品。「委託行」是那個時代特有的商店，顧名思義就是幫別人賣東西，自己賺取佣金的商店。由於「委託行」所銷售的，都是高雄港各國水手私自帶進來的商品，大多數沒有交稅。所以委託行用了「委託」兩個字，似乎有「不對貨品來源負責」的意思。這些商品以世界各國的煙酒、服飾、化妝品、鐘錶、皮鞋、藥材、古董、食品、日常用品為多，基本上都是零碼商品，有一件賣一件，想多買也不一定有貨。當年進出口業不發達，市面上基本上只有國貨，唯有在這些委託行裡才看得到一些外國製造的東西。

2-5 高雄街景

「三信」靠大仁路這邊騎樓下，有幾個老闆挨著三信的牆壁擺了一長排舊書攤，其中一個老闆是個退伍的外省老兵，和我媽算是點頭之交，所以我經常去亂翻他的書他也不管。五歲小孩子還不識字，只會在舊書裡找些圖畫來看看，看不懂就算了。我沒事就在這些書攤、小吃攤和綢布店中間瞎轉，稍微遠一點還跑到七賢三路、瀨南街去看商店裡的商品。七賢三路上有幾家中藥鋪，玻璃櫃檯裡擺滿了乾硬的海馬和人參等藥材。有時我會在旁邊看他們用鍘刀切草藥和揉黑黑的藥丸子。高雄附近是捕烏魚的基地，所以冬天有大太陽的日子，還有人在水泥地上曬「烏魚子」，黃澄澄地一大片，挺好看的。

當年社會上特別熱門的娛樂是看電影，我家附近有金城戲院、國際戲院、光復戲院、壽星戲院、大舞台戲院等著名的電影院，我家就位於這些電影院的中心地點。當時年紀太小沒有自主能力，沒有大人帶著，就看不到電影。

那年頭每家電影院門口都一定有一個特殊的攤位，那是一個專門補「玻璃絲襪」的行業。攤位裡面坐著一個小姐，在昏黃的小檯燈下專心地補尼龍絲襪。尼龍絲襪那時叫做玻璃絲襪，是女人的奢侈品，萬一破了個洞，補一補再穿是很平常的事情。看電影的人帶她們的襪子來補，等電影散場時，襪子也補好了。

說到襪子，就想到了鞋子。當年高雄市最普通的鞋子是木屐，一人一雙，走起路來「咯達、咯達」作響。不過，街上不穿鞋的「赤腳大仙」似乎更多，即使是妙齡小姐也有很多人不穿鞋。常常可以看到鄉下姑娘進城，手上拎著一雙鞋，赤腳在大馬路上走，一直走到目的地，才停下來擦擦腳把鞋穿上。大街旁邊還有一些賣檳榔、修手錶、畫像片的小攤位，我沒事的時候就站在旁邊看他們工作。請別誤會，畫像片的攤位可不是那種在觀光區替遊客畫像的畫家，而是另一種專門的用途。畫師的工作是把一張一、二吋老人家的黑白小照片，用細細的毛筆臨摹、放大和塗上彩色，顧客可以拿回去裝玻璃框掛在牆壁上紀念先人。照相業稍微進步以後，這個行業很快就絕跡了。

街道上有一些用手推的小推車來賣早餐、水果的小販。當年台灣不生產蘋果，所有的蘋果都是進口貨。賣水果的小販不但賣新鮮的蘋果，蘋果腐爛了也捨不得丟，還仔細把蘋果的腐爛部份削掉，用較為便宜的價格再賣給顧客。

民國四十幾年，高雄市的大街小巷還允許牛車自由通行，普通老百姓所需要的少量貨物像磚頭、水泥、糧食等，基本上都靠牛車拉運，老黃牛一邊拉車一邊拉屎，馬路上一坨一坨的牛糞也很少人管。市民最常用的短程交通工具是人力「三輪車」，三輪車可坐兩個大人，如果有小孩子，就坐在大人踏腳的地方。

馬路上有的時候很熱鬧，那是選舉期間，候選人在他們的宣傳車上用大喇叭一遍又一遍的喊：「登記第二號，李大頭拜託、拜託……」吵得要命。我們小孩子也會跟在宣傳車的後面跑，去撿一些候選人的宣傳單，拿回來折紙飛機玩。附近幾條巷子裡跑進跑出的還有一些同年齡的小孩，大家都是無所事事地這個地方蹲一蹲，那個店看一看。五、六歲的本省、外省孩子都混在一起，絲毫沒感覺到任何的省籍差異。

在附近街道上閒逛久了，我居然從這些商店播放的日語、台語、國語流行歌曲中「耳濡目染」地學會了「半」首歌（因為我只會唱一兩句），那是電影明星「小野貓」鍾情唱的國語歌曲《一個蓮蓬》。我還能記起這首歌，自己都覺得很有趣，於是試試上網搜索，想不到網上居然還能找到這首五十多年老歌的歌詞呢！我自己的記憶力和現代科技的神奇，都讓我感到驚奇不已。不妨抄它幾句，作為我腦海中「最古老」流行歌曲的紀念：

> 一個那蓮蓬呀十七八個孔，蓮蓬噴水呀叮叮又咚咚，
> 叮咚叮咚，叮叮又咚咚，響在耳邊好像八音鐘……

2-6 幼稚園

五歲左右，我媽第二次送我進了幼稚園，這次讀的是鹽埕國小附屬幼稚園。在幼稚園裡講的是國語還是台語我已經記不得了，我想大部分人講的應該是台語，而我似乎也沒什麼困難，都能聽得懂。我記得上學的路上，碰到了小學生，有人會跟我說：「幼稚園沒路用，呷飽沒相燕」，意思是說幼稚園的人沒用，只會吃點心，而沒有打架的本事。

我愛畫畫的天性，從唸幼稚園時開始顯現。只要老師在黑板上用粉筆畫了圖畫，我都很有興趣地跟著學。不管到什麼地方，只要手邊有紙和筆，我就會隨手畫點什麼。有天我在附近小朋友家裡看到一張漂亮的聖誕卡，印的是兩個鈴鐺、一段五線譜和一些其他線條。我拿起鉛筆照著臨摹，他們家的大人看著我一筆一筆地慢慢畫出了

一個樣子，很驚訝地說：「哇！這小孩畫得真棒！」我爸媽也發現我沒事的時候老是愛畫畫，我爸從部隊帶給我一支紅藍鉛筆和幾張白紙；我媽誇我說我將來一定是個畫家，給我買了一塊小黑板和一盒彩色粉筆，讓我隨便塗鴉玩。

幼稚園裡印象深刻的一件事，就是我從來沒有騎過教室門口擺放的那幾輛小孩腳踏車。每次下課鈴響，都是坐在門口的那些小朋友搶到腳踏車，我因為坐得最遠，居然一次也沒騎到過。歲數都這麼大了，想到這件事，還可以體會那個小男孩騎不到玩具車的失落感。讀幼稚園的時候，還有一件事讓我大惑不解，就是我們三信的鄰居「狗蛋」，有一天居然來我們學校讀比我高班的「一年級」了。奇怪，明明是我先來這裡上學的，他應該是在我後面的，怎麼跑到我前面去了？這件事讓我困惑了幾天，後來才慢慢想明白，他的年齡比我大一歲，而他壓根兒就沒有上過什麼「幼稚園」。

2-7 藥水瓶當炸彈

住在三信三樓，晚上睡覺時通常是由我媽帶著我和弟弟，母子三人睡在一張大床上。我媽靠外邊睡，擋著小傢伙，免得我們滾下床來。我爸則睡旁邊另一張單人床上。一天夜裡，已經熄燈準備睡覺了，我卻嚷著口渴要喝水，媽媽讓我從她的身上爬過去，走幾步到飯桌上自己倒水喝。隨後她把燈打開，怕我走回來時黑黑地撞到東西。她一眼看到我時，突然發現情形不對，我正在發著高燒！我媽連忙喊起我爸，兩人拿了張軍毯，把我蒙頭蒙腳包了起來，抱到樓下叫了一輛三輪車，直奔陸軍第二總醫院而去。檢查結果，我感染了急性腎臟炎，必須立即住院。

住院期間，每天打針吃藥、檢查尿液，一點也不好玩。最討厭的是每天還要打一種油性針劑，痛得不得了，每次打這種針我都要哭一場。一次，我手上拿著一瓶這種藥水，假裝是一架飛機，「咻」，「咻」地飛過來，飛過去；然後說：「飛機丟炸彈嘍！」就把那瓶藥丟到水泥地上，砸碎了玻璃瓶，白色的油性藥水灑了一地。我心想，這樣就可以免打一次針了。結果可想而知，除了多挨一頓好罵以外，該怎樣還是要怎樣，沒有小孩子玩花樣的份！三歲的弟弟來醫院，見我有藥吃而他沒有，就吵著也要吃，爸媽都不理他。他就趁大人不注意時偷著吃，當然還是被抓到了。我爸看了直搖頭，苦笑著說：「真怪了，還有人喜歡偷藥吃！」老弟長大後做了醫生，不知道是不是跟小時候偷不到藥吃有關？

住了一個多星期醫院後回家，我發現我們家已經從三信的三樓搬到了一樓。新住處有兩個房間，一間客廳、一間臥室。一樓空間大，離公共水龍頭和廚房都近，還不必爬樓梯。我猜當年我官拜中校的老爸，可能是三信合作社寄居軍人中官階最高的一位，所以才有這樣的特權。出院當晚，我正從一樓的門縫裡朝大街上看人的時候，赫然發現門縫外面也有一個似曾相識的女人在朝裡看，嚇了我一大跳。那人看到我時，不但沒嚇一跳還好像很高興，直沖我笑、還叫我的名字。我爸聽見那人興奮的聲音過來打招呼，原來那是我幼稚園的老師，她是特地來找我這個失蹤了一陣子的「外省囝仔」的。真不好意思，幾天不見小朋友已經把老師給忘到腦後去了。我爸跟她講我得了急性腎臟炎，住了幾天院，很抱歉忘了通知幼稚園等等，老師回贈了我爸一連串的「哦」、「哦」、「哦……」和「沒問題」以後，才放心地回去。我在家又繼續吃了半年淡而無味的「無鹽伙食」，腎臟炎才算真正痊癒。

2-8 上小學嘍！

民國四十六年九月，穿上「鹽埕國小」的制服，我進小學了。

我記得一年級用的是有圖畫的黑白課本，台灣的小學生一入學，先要學一段時間ㄅㄆㄇㄈ注音符號，然後才正式學寫字。我們學寫字是從「拿起鉛筆、放下鉛筆；指一指門、指一指窗戶」這幾個字開始的。

上了小學，年齡大了一歲，膽子也大多了，加上認識了小學裡的新朋友，我的世界變得更加開闊。我開始敢一個人從大仁路跑到愛河邊上去玩了。愛河旁邊市政府

（現高雄市歷史博物館）的對面有一個很大的體育場（現二二八和平公園），有時候我也會跑進去遊蕩一番，跟那裡的小朋友玩溜滑梯、盪鞦韆等遊戲。

2-9 馬戲團

有一天我們幾個小孩正在體育場玩兒，忽然體育場的側門開進來好多輛大卡車，大卡車一部接一部地開進來，揚起了好高的灰塵。卡車停定以後，我們看到車上一箱一箱裝的都是從來沒看過的動物，有獅子、老虎、大象、黑熊和馬等等。小孩子興奮地圍著卸貨的卡車四處打轉，也不知道發生了什麼事，不久就被工作人員趕回家了。後來才知道，原來我正好碰到了著名的香港「沈常福大馬戲團」來高雄演出的時刻。

馬戲團表演是二十世紀初電影發達以前，全世界最受歡迎的表演活動。典型的馬戲團畫面是一個五彩繽紛的大帳篷、許許多多珍稀的動物和笑容燦爛的小丑們。那年頭歐美人士流行到非洲探險和打獵，人們都很想看動物，卻不容易看得到，所以就有人把動物集中起來訓練，再加上許多藝人的特技表演，組成馬戲團送到各地巡迴演出。

馬戲團演出對小孩子的吸引力可大了，我三天兩頭的就往體育場跑。沒事的時候跑到場外看人家吹氣球、撿西瓜皮餵大象，也跟著不同的大人進場看了好幾場表演。反正小孩子不要買票，鄰居們也樂意帶我進場。馬戲表演有美女騎著馬兜圈子、空中飛人、小丑逗笑等許多節目。我發覺大象一邊表演，還一邊大便，特別新鮮。大象大便以後，工作人員只是拿一個大的推子，在場子中間把糞便推平就算了，我覺得有點不衛生。還有一個大力士表演，是由當時最有名的巨人張英武演出。他的身高有兩米多，站在場子中間，請觀眾中間的十幾個人來拉他都拉不動。當然，我最喜歡的還是小丑表演，他們傻頭傻腦的樣子實在太滑稽了，總是讓我笑得前仰後合。我還記得有一次空中飛人表演時，有位女演員不慎從從鋼索上跌了下來，她從鋼索上掉到安全網的邊邊，被擋了一下，接著又摔到地上爬不起來，好幾個人都衝上去，把她扶到後台去了。那時候我還不會看報紙，她摔下來後發生什麼事，就沒有人告訴我了。

電影、電視發達以後，隨時都能看到全球的珍奇動物，加上保護動物觀念愈來愈強，以動物為招攬的馬戲團就式微消失了。現今世界最著名的加拿大「太陽馬戲團」，雖然還保有「馬戲」之名，實際上已沒有動物表演，而轉變成以特技、藝術和高科技聲光效果的演出。

2-10 軍眷幹部訓練班

小學一年級的時候，國防部曾經舉辦過一次「軍眷幹部訓練班」，召集了一些軍人的妻子到北投復興崗去接受過兩個月的軍事、管理訓練，目的是希望培養一批能夠幫助軍方協調、組織軍眷力量的「義工」，我媽是代表海軍到台北去受訓的學員之一。

我媽受訓回來後，好像參加過制訂海軍眷村名字的工作，如勵志、自治新村的命名等。除此之外，她們就沒再做過什麼其它的工作了。這次集訓的官方目的雖然很快就消散了，但我媽因為受訓而擴大的生活圈子卻影響久遠。她因為這次集訓，從此結交了幾位永遠的

我媽參加軍眷幹部訓練班

朋友，像空軍的呂阿姨、鐘阿姨、陸軍的陳阿姨、潘阿姨、海軍的陳阿姨、蔣阿姨等，都成為多年來經常往來的對象，他們的孩子也成為我們小時候的玩伴。認識了這幾位和我們一樣背景的軍人家庭，才知道當年軍眷們居住的情況真的是「五花八門」：呂阿姨一家借住於高雄地方法院的一個小角落，鐘阿姨他們佔據了高雄港碼頭邊上的一間值班房裡，一開門就是海水。陸軍的陳阿姨住在西子灣山洞後面，潘阿姨住在租來的民房裡，只有海軍的陳、蔣阿姨住在左營軍區裡面日本人留下來的眷舍。

受訓期間還有一個重要收穫，就是媽媽和表舅孫森的重逢。我媽受訓時，表舅正好在復興崗當教官，他認出了一個在打籃球的軍眷學員就是他的表姐，我的媽媽。表舅認出我媽以後，沒有直接打招呼，他請一位學員傳話給我媽，要她打完球後到教官室去報到。我媽不知道發生了什麼事，心裡七上八下的來到教官室，發現原來是表舅在等她。闊別將近十年的表姐弟在遙遠的台灣重逢了！兩人都喜出望外，真有道不盡的共同話題。

表舅能到台灣，跟我外公關係很大。早年我外公因為共軍佔領蘇北的威脅日漸加重，決定帶領全家從老家江蘇鹽城到揚州去避難。就在出發前一晚上，外公的堂妹突然來訪，說時局不好，但他們家卻無法搬遷，拜託我外公能帶上她的大兒子孫森一起走。我外公就把表舅帶到了揚州。到了揚州，過了一段時間表舅遇到他的一批同學，才辭別了我外公，和他的同學們以流亡學生身份輾轉來到台灣。表舅後來投考軍校，被政工幹校錄取。畢業時，因成績優異留校當教官。表舅是我家在台灣唯一的親戚，自打那年重逢後，表舅每年都到我家過年，直到他結婚結束單身生活為止。他的到來，永遠是我和弟妹伸長脖子等待的大事，因為這是唯一會送禮物給我們的長輩。表舅後來在軍中努力不懈、績效卓著，退伍前曾晉升至陸軍中將官階。

2-11 壽山緣

我們三信合作社的鄰居中，有一家人姓孫，孫家的爸爸叫孫紹賓，是高雄要塞我爸單位裡的老兵。孫伯伯（唸作「孫北北」）見到我爸時都叫我爸「科長」。

孫伯伯、孫媽媽原籍山東，是一對在老家就已經結婚，後來又一起到台灣來的夫妻。這在當時大多數士官兵都未婚的環境下，是非常少有的正常家庭。孫家有三個孩子，老大是個男生，叫孫勝旗，年齡介乎我和我弟弟的中間，我們成天都在一起玩。孫勝旗下面還有兩個妹妹。我們兩家關係很親密，什麼事情都互相幫忙。我們家一有大事情，像我罹患腎臟炎住院、我媽到台北參加軍眷幹部訓練班的時候，孫媽媽都二話不說地承接下照顧我和弟弟的工作。孫媽媽要是遇到什麼事情，也都會來找我媽商量，我常看到她倆在一塊話家常。

借住在三信合作社的人都知道，此處並非久留之地，房屋早晚都要歸還人家的，想要有一個安定的棲身之地，還得另外想辦法。孫伯伯覺得自己的軍階低，不容易得到一套較好的住家，所以對這個問題特別煩心。於是我爸幫他出主意，說不如就在高雄要塞管轄的壽山範圍內，自己蓋個房子算了，天高皇帝遠的誰也不會注意。孫伯伯一聽有理，就開始在壽山上尋找適合的地方來建房子。

說來也巧，壽山半山腰淨水廠的後面，就有一個理想的地點。淨水廠後面有一段平地，平地邊緣的懸崖上有一個軍事設施，是專門播放空襲警報的警報台。警報台面對著遠處高雄港的入口，如果敵機來襲，他們可以立刻拉警報，通知整個高雄港區。這地方很隱蔽，只有十來個當兵的負責看管，他們住在一個碉堡裡，旁邊還有另外四戶人家。這塊地方剛好是軍民兩用的三不管地帶，多了一戶房屋，警察也不會來管。孫伯伯說做就做，在警報台附近占地為王，自己動手用木頭、竹子很快就蓋了一套房子。孫伯伯的「新屋」建好了不久，他們全家就從三信合作社搬到壽山上去了。我記得他們家房子剛蓋好的時候，一切因陋就簡，客廳牆壁糊的是舊報紙，水是用劈開的竹子從隔壁水龍頭接駁過來的，裝在一個小蓄水池裡面。廚房是燒柴的大灶，燒樹枝時濃煙滾滾、燒竹子時劈啪作響。孫家搬家後不久，我和弟弟摸熟了從大仁路到他們家的路線，經常到孫家去玩，從此壽山一帶也成為我和弟弟活動的樂園了。

對小孩子來講，到壽山孫勝旗家去玩，絕對是生動有趣的事情。到了孫家，我們小孩子只要記得準時回來吃飯就行了，其它時間任由我們自由活動，孫媽媽從來不約束我們。我們兄弟倆、孫勝旗和山上一些小男生們，蕩漾在壽山的樹林、草叢、小路、山泉之間，每個人手裡隨便拿根棍子或樹枝，興致勃勃地爬上爬下找好玩的東西。有時候互相打鬥鬧著玩；有時候在山溝裡洗腳、抓蝌蚪；有時候跑到懸崖邊上眺望高雄港進出的船隻，或是蹲在小兵旁邊看他們擦槍。更多的時候我們什麼也不做，只是無拘無束地在山路上閒逛。記得那時候山上有一些野猴子，我們年紀太小還覺得怕怕的，過了幾年長大些了，才敢拿石頭趕牠們走。

到壽山去玩的日子持續了很多年，我們家後來從高雄搬到鳳山，又從鳳山搬到左營，這十幾年裡面我和弟弟隔一陣子總會到壽山孫家去玩玩，孫勝旗也常來我家小住。隔了很多年，當我們兩家的孩子都長大，我爸媽都變老了以後，孫伯伯有次來台北我家玩，當我再聽到他用山東話喊我爸「科長」時，感覺特別親切。

2-12 二戰殘留遺跡

我幼年的記憶裡，還殘留有一些二次世界大戰的「最後遺跡」。壽山大馬路上有一個很高的日本式牌坊（日本神社的入口，叫做「鳥居」），由牌坊到忠烈祠（前日

改裝後的高雄忠烈祠中式牌樓

高雄日式靖國神社「鳥居」的原貌

本神社），大約幾百米的距離，沿路兩旁每隔幾步就有一個日本式石燈，每個石燈燈柱的背面都刻有一個日本陣亡士兵的名字。不過那時台灣已經光復了十多年，日本名字早被要塞的國軍糊上一層水泥遮蓋掉了。後來日本神社改建成了中國風格的「忠烈祠」，日式石燈也全部被推倒、拆走了。不過不知道為什麼，日本鳥居卻沒有被拆除，相關人士在鳥居的頂上加建了一個中國宮殿式的琉璃瓦屋頂，刻上了一些中國字，把它改建成了不中不日的怪物，一直留存到了今天。那時，我去壽山的路上也會經過一兩幢二戰時被美軍轟炸過，屋頂還沒有修好的房子。還有在鹽埕國小上學的時候，小朋友排隊參加升旗典禮，老師們沒事在後面閒聊，彼此講的都是日本話。這些都是我當年在高雄親身感受的二戰最後痕跡。

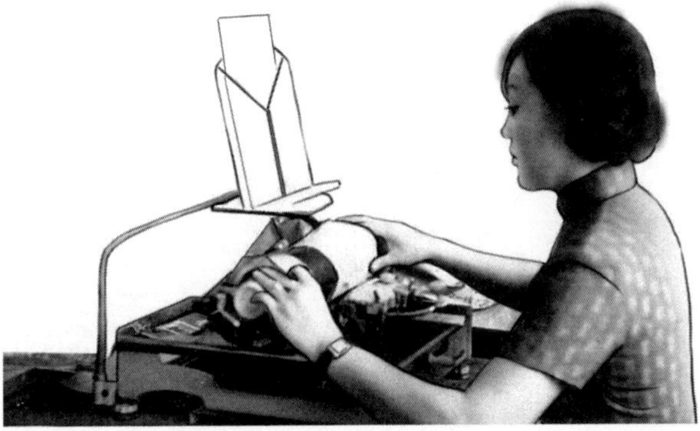
我媽擔任中文打字員工作

2-13 媽媽上班了

我爸有一個朋友，他太太在高雄碼頭工會有一份工作，因為搬家去台北必須辭職，於是就把工作機會介紹給了我媽媽。五十多年前工業不發達，碼頭上沒有裝卸的重機械，高雄港內貨輪上的物資，大多是由碼頭工人從船上一袋一袋地扛下來，再用人力扛上卡車。「碼頭工會」就是協調雇工、派工、轉發工資和提供簡易醫療的服務單位。

我媽的職位是中文打字員，相當於現在的電腦文書處理或秘書的工作。「中文打字」在那個時代是一門專業技術，打字員需要一個字、一個字地把鉛字以機械方式用力敲到複寫紙或蠟紙上才能打出字來。打字員頭腦裡還需要記住三、四個字盤裡幾千個漢字的正確位置，才能很快找到想打的字。我媽練習了一段時間以後漸漸變成了熟手。我記得她還有一些小絕招，把常用的字排在一塊，如「中華民國台灣省高雄市」、「碼頭工會」、「年月日」、「1234567890」等等，用到的時候，可以很快就打出來。

媽媽有了工作成為職業婦女以後，對我們家的經濟影響很大。她一年有十八個月工資，收入遠超過我爸軍人微薄的軍餉。在那個工商業不發達、工作機會稀少的時代，成為我們家重要的經濟支柱。不過代價也很大啊，我媽上班之外還得料理家務，洗衣、做飯、打掃、縫被套等工作一點也沒減少，身心都比別人勞累得多。另外，工作時間爸媽都上班去了，我和弟弟也變成了沒人管的孩子，凡事都得自己照顧。後來弟弟被牛車壓了，就跟我媽不在家有點關係。

2-14 弟弟受傷了

二年級剛開學不久，有天我們幾個小朋友在大仁路家門口玩耍，一個年輕的軍人來問我們，說認不認識孫紹賓先生，他想看望他的老鄉。我跟他講孫伯伯已經搬家了，我知道他們住在哪裡，但是講不出來。後來，我決定帶軍人到壽山上去找孫伯伯他們。大約過了兩小時我回來的時候，還沒走到家門口，就有幾個小朋友跑過來跟我說：「你弟弟被牛車壓到了！」我嚇了一跳，趕快跟著他們跑到附近外科醫院去看看，到了那裡發現爸爸已經來了。弟弟瞪著眼睛躺在手術台上一動也不動，醫生在他一隻腿上按來按去地檢查，旁邊還有一個農夫模樣的人，緊張地站在那裡。檢查了一會，醫生說：「骨頭沒問題，不過肌肉受傷不輕，要休息幾個月才能好。」大家才鬆了一口氣。

原來我去壽山的時候，弟弟跟幾個小孩跑到新樂街上玩，看到一輛滿載磚頭的牛車經過，就跑過去用手吊在牛車的後面晃來晃去。路人看見了跟車夫說：「危險呀，後面吊著小孩子呢！」牛車夫聽到了，就吆喝著把牛車停下來，想把小孩趕走。想不到就在停車的一瞬間，輪子稍微往後退了半圈，就壓到了我弟弟的小腿。弟弟的腿被牛車壓傷了，造成大家一陣驚恐，好在沒有造成永久傷害。老實巴交的牛車夫壓到了「外省」軍人的孩子，語言又不通，嚇得他不知所措。爸媽覺得這件事情純屬小孩調皮造成的意外，反而回過頭來安慰那位牛車夫，並沒有責怪他，或要他賠錢什麼的。

弟弟受傷後沒幾天，我考完了二年級的第一次月考，我們就搬家去了鳳山。臨走之前，我對高雄街市的最後一個印象，是看到一大群人圍著電線桿在看「號外」，號外上寫的是台海空戰中我方又打下了幾架米格機的好消息。我識字不多，號外上還有許多不認識的字。

3 鳳山眷村

鳳山縣，是清朝時台灣南部地名，治理現在的高雄、屏東地區。鳳山縣的縣治原來在「興隆里」，就是現在的左營。一七八六年天地會林爽文事件時興隆里縣城被攻破，不得已而遷到了「埤頭」新城。林爽文事件平定後縣府沒有遷回興隆里，所以漸漸地人們就把埤頭一帶改稱為「鳳山」。鳳山縣原來的縣治興隆里，則因為清軍駐紮鎮守台灣島的左翼，而逐漸被改稱為「左營」。高雄市還有前鎮、右昌、後勁等地名，也都是清朝時屯兵的地方。

民國四十七年十月間，台海八二三炮戰即將結束的時候，我在鹽埕國小考完了二年級第一次月考，我們家就從高雄市區搬到了高雄縣鳳山鎮鄉下，距離高雄市區四十分鐘車程的一個叫「前庄」的小地方。當年從高雄市到鳳山鎮，從鳳山到前庄，三個城鎮中間都還是綠油油的農田。不像現在這樣，從高雄到前庄都已經連成了一片城市景觀。

我們住的是國軍自建的第一批眷村，村子很小，只有一百戶。村名叫做「貿協新村」，是陸軍和海軍混居的眷村。我爸任職於海軍陸戰隊，既是海軍、也是陸軍，住在這裡剛好合適。「貿」跟「協」兩個字我都認識，但是兩個字的意思我都不懂。長大以後才知道，政府當年沒有錢替軍眷蓋眷村，這些眷村的建築資金都是由國防部或蔣夫人他們去協調各企業協會所做的「捐贈」。全台各地還有「工協」、「果貿」、「影劇」、「台貿」、「婦聯」等眷村的名字，都是這樣來的。感謝這些機構的襄助，才讓許多軍眷有了安居之所。

緊鄰貿協新村的是另外兩個較大眷村，「中正新村」（後改名為鳳山新村）和「工協新村」。中正新村大約有三百多戶，是一個純海軍的眷村。工協新村是三個村子中最大的一個，大約有五百多戶，也是陸海軍混合居住的眷村，海軍住戶似乎比較多一些。三個村子合計約有一千戶人家，地理上連接在一起，生活上也息息相關。工協新村公共機能最齊全，有菜市場、幼稚園和車站。中正和貿協新村的居民都在工協新村買菜，小孩子也在這裡閒逛。工協新村後面的空地上曾經開設過一家露天電影院。三個村子唯一的書店叫做「哈囉書店」，也兼賣一些文具。

我們家在貿協新村一共住了四年，直到民國五十一年我五年級快讀完的時候才舉家搬去左營。

記憶裡，我們住的地方除了眷村，不遠處還有一個叫「埤頂」的台灣農村、新建的中正國小和一個日據時代遺留下來的軍用電台。除此之外，整個眷區的四周圍全是農田。農田中最大片的作物是製糖用的白色甘蔗。另外還有較小片種香蕉、地瓜、稻米、西瓜、香瓜的農地。農田外邊更遠一點，有一條通往高屏大橋的省公路（現中山東路），省公路有公路局班車經過，車站的名字就叫「前庄」，是我們前往鳳山鎮和高雄市的重要車站。車站旁邊還有一些建築，是高雄縣立鳳中（現鳳山國中）和以前的高雄縣議會。

想起鳳山的家，我腦海中總是先出現家門口的碎石子路，石子路右邊銜接的是一條車輛往來的大路，現在稱為勝利路，但那時候沒有人知道它的名字。勝利路的對面就是鳳山中正國小，離我家只有三分鐘路程。剛搬家的時候，仁華弟被牛車壓傷的小腿，還腫得很厲害不能走路，只能坐在椅子上。小孩好動，簡直沒辦法安靜下來，他用一根雨傘支架撐著身子，還一步一步地挪來挪去。漸漸地，那隻受傷的腳可以著地了，他顯然很高興，一個勁地跟我講他好了、他好了。五歲大的小孩似乎外傷恢復得比較快，兩三週以後他慢慢就能跑動了。

搬家到鳳山，最初我爸爸認為我們從市區搬到了農村，大概沒有地方玩，還買了些玩具帶到鳳山去。其實他估計錯了，鄉下好玩的事情一點也不比城裡少，小孩貪玩，總有我們自己的辦法。

3-1 中正國小

中正國小設立於民國四十七年，校地原來屬於海軍管理，後來因為新建了眷村，小學生迅速增加而讓出了建校基地。中正國小首任校長和教師，也順理成章地任用了大量的海軍軍眷，清一色是女老師。老師中間有兩位是眷村第二代，她們都是大陸出生，然後在台灣長大，讀了師範學校以後，回來當老師的眷村大姐姐。學校成立以前，附近孩子們讀書都要走好幾公里彎彎曲曲的田間小路到鳳山、大東、中庄、曹公等小學去上學。民國四十七年我讀中正國小時，正是建校的第一年，學校只有兩排教室。校門、老師辦公室、校園中的道路、蔣總統肖像、滑梯、鞦韆等，都是後來一點一點加添的建設。中正國小建校之初存在許多困難和需要，校方都通知海軍，向海軍總部或海軍子弟學校求援。我家還沒有搬到左營以前，我就看到過左營海青中學的安世琪校長來中正國小幫忙塑造蔣總統的半身像。

轉學到中正國小時，他們已經考完了第一次月考，老師叫我再考一遍，建立起成績資料。上學第一天我被編到「二年忠班」，下課時隔壁「孝班」一個叫「陳以謝」的小孩過來搭訕，他自願中午放學時候帶我去排回家的路隊。問題是他帶我去排的是回鳳山新村的路隊，害我經過貿協新村我家門口的時候，因為老師在後面押隊而不敢離開，還要硬著頭皮繼續走下去。幸好那天是我們搬家第一天，我媽請假在家整理東西，她看見我經過就喊我回家，我才趕緊跑出隊伍。陳以謝是個熱心的小朋友，什麼事情他似乎都願意插一手，我們時不時也在一塊玩。

到了新學校，我在校園裡的第一個大發現，就是一種「會動」的植物。中正國小雜草叢生的校園裡，生長著一大叢一大叢堅韌的有刺植物；你碰它一下，它的葉子就自動往回縮，真是太奇怪了。我拿起樹枝來敲，一會兒整個草堆都縮下去了。哇！這件事太稀奇了，一定要告訴全世界！我興奮地跑回教室，呼喊那些還不認識小朋友：「快來看！快來看！」有幾個小孩跟我一起跑出去看，但他們看了以後一點也不興奮，冷冷地回應：「早就知道了，這叫含羞草。」這是我這個城市小孩，在鄉下出的一次洋相。

鳳山是重要的陸軍基地，凡是在鳳山接受過戰鬥訓練的朋友都會告訴你，在南部接受訓練有兩大可怕惡魔：一個是南台灣的烈日，沒有幾天就可以把人烤焦成非洲人。另一個惡魔就是野戰場上扎人的含羞草。含羞草叢堅韌又多刺，是天然的鐵絲網，匍匐前進時全身爬過含羞草，可真夠小兵們呲牙咧嘴了。

空曠的校園裡有好幾塊奇怪的長方形的大型立體水泥塊，大得小孩子都爬不上去，那是日據時代留下來的軍事設施，但誰都不知道是幹什麼用的。聽說後來他們拆除這些設施，還要用炸藥才能把它們炸碎。初創的中正國小，校園裡最多的還是雜草，半個小孩高的茅草隨處都是。荒地裡有許多昆蟲，小朋友最喜歡的就是在草叢中抓蚱蜢了，抓到了幾隻蚱蜢以後，還學高年級的小朋友，用草把蚱蜢串成一串，拿到學校垃圾場的火堆上去烤，烤熟了剝下來吃，營養又美味。因為成天在草堆裡跑來跑去，幾乎每個小男生的腿上都長滿了「紅豆冰」似的小紅皰。

在中正國小結識了陳以謝，幾年後我家搬去了左營，我們就再也沒見過面了。想不到，我讀大四那年正跟老婆談戀愛，有天我在旁邊聽老婆跟我未來的岳母打電話，說到要拿什麼東西給「陳以謝」之類的話題。追問之下，我才發現原來老同學陳以謝長大後到基隆讀書，跟我未來的大舅子同班，兩人非常要好，經常在他們家走動。「無巧不成書」，分散十多年後我和陳以謝竟然就此重逢。

3-2 海軍電台

眷區三個眷村旁邊有個軍事單位，我們稱它為「海軍電台」。對小朋友來說，海軍電台是個既神祕又非常有吸引力的地方。

神祕的原因是海軍電台整個區域都有高高的圍牆圍著，門口還有衛兵把守，我們不能隨便進去。海軍電台對小孩子主要的吸引力來自於它的果樹，我們從外面的任何角度，都可以看到裡面有好多好多結實累累的芒果樹。電台裡除了軍人，也有一些住家，他們的孩子也在中正國小讀書。每天放學的時候，住在電台的小孩排成路隊回家，衛兵也不盤查他們。

有時候到同學家做功課，或是有大人帶著，我也進海軍電台去玩過幾次，主要目的是看能不能避開軍人的耳目，弄幾個芒果出去。我記得電台院內除了到處都是的芒果樹外，中心地區有個小山丘，山丘的頂上有一組日本人留下來的高射機關槍。機關槍沒有槍管，已經廢棄不用了，但是機關槍的底座還能動，我們經常就坐在那裡操縱手搖方向桿，把整組機關槍一會兒向右、一會兒向左地轉著玩。

回憶往事，想多知道一些海軍電台的事情，上網一查，才知道這地方還真不簡單呢！

根據網上資料，海軍電台始建於民國六年，它的前身是日本海軍的通訊基地。二戰時日軍利用這個偏僻的基地，對南太平洋的所有海軍部隊進行電訊加密、轉發和控制的任務。我猜想，當年日本人為了保密的緣故，一定清空了以電台為中心的附近居民。光復後台灣海軍接收了整個軍事區域，因此電台周圍的安全地帶才成為三個眷村和中正國小土地的來源呢！看了資料，我也才明白電台內六層樓高的小山丘，其實是一個中空的大碉堡，碉堡內是機密的情報中心。山丘上厚厚的泥土，原來是碉堡的保護性覆土。

光復後海軍電台的軍事功能喪失了，但它單獨位於遙遠的鄉下，正好可供海軍當局來審訊「政治犯」。我小時候在電台裡遊玩的時候，其實正是海軍「白色恐怖」時期。所謂白色恐怖，就是「政府濫權」的代名詞。台灣戒嚴時期，為了防止共產黨到台灣滲透和鞏固政府的統治地位，而縱容情治單位為所欲為，以致使人民的基本權利失去保障。白色恐怖之所以「恐怖」，在於防衛過當，害得許多無心的人莫名其妙地觸犯了當局的禁忌而被牽連入罪。據了解，海軍的白色恐怖起源於撤退時閩系海軍人員大量投降，以致遺留的下來的閩系人員不被信任，而遭到大規模整肅。海軍電台就是當年審訊政治嫌疑犯的「海軍鳳山招待所」。

海軍明德訓練班

「白色恐怖」落幕以後，海軍電台這個地方又移交給了海軍陸戰隊，作為「明德訓練班」管訓軍中流氓的場所。台灣兵役法規定，每一個成年男子都必須到軍中服兩至三年的義務兵役。社會上的一些黑道人物，也因此來到軍中。他們服兵役時往往舊習難改，無法適應軍中規律的生活，經常尋釁鬧事。為了維護正常軍紀，海軍就把那些犯了軍法的人集中起來，送到明德訓練班去管訓。聽說明德訓練班的管訓方式是極為殘酷的「以暴制暴」方式。凡被管訓過的人，出來後都被整得一身是病。最後，明德訓練班又被裁撤了，整個營區有十幾年的時光沒有人管理，成為宵小藏身的地方。

不管是「日本海軍電台」、「鳳山招待所」、還是「明德訓練班」，都已走入歷史。上網搜尋幾次以後，最高興的是居然找到了一張照片，照片裡面正是五十多年前，我和小朋友轉來轉去玩耍的那個廢棄高射機關槍。算算日子，這個機關槍的年齡至少已經有七十多歲了，它居然幸運地躲過了被送進廢鐵回收廠的命運，不知道它會不

70多歲的廢棄高射機關槍

會被當做文物而保留下去呢？

最新的消息是，海軍電台建成快要百年之際，已經於民國九十九年被公告為國定古蹟，整個園區將要規劃為古蹟公園嘍！

3-3 阿三哥與諸葛四郎

對小學生的我來說，眷村裡吸引力最大地方是一家開在住家裡，沒有名字的漫畫書出租店。這家小店專門出租小孩最喜歡看的各種漫畫書，差不多是我每週必到的地方。漫畫書的出租價錢是五毛錢看三本，付了錢，小朋友就坐在小板凳上享受一個小時充滿想像力的漫畫世界。出租店的生意很好，每次去都可以碰到三五個同好。有時候小孩太多了板凳不夠坐，後來的人就坐在地上看。有一次，我快看完了手上的三本漫畫書，突然旁邊一個小孩不聲不響地又給了我三本，同時把我手上的書搶了過去。我發覺他是趁人多，老闆沒注意的時候，偷偷跟我調換漫畫書來看。這招挺不錯的，不久我也學會了，變成了換書老手。

當年最流行的漫畫書是「台灣漫畫周刊」，其它還有「東方少年」、「模範少年」、「漫畫大王」、「良友」等兒童刊物。其中最重要的漫畫人物是葉宏甲畫的「諸葛四郎與真平」一系列的漫畫。「大戰魔鬼黨」、「決戰黑蛇團」、「大戰雙假面」等連環漫畫都是小朋友的最愛。此外，還有劉興欽畫的「阿三哥與大嬸婆」、陳定國畫的「呂四娘」等古代美女、牛哥畫的「牛伯伯打游擊」、日本畫家畫的機器人「地球先鋒號」、「原子小金剛」和騎著摩托車的「月光反面」等等，都是小朋友們共同熟悉的漫畫人物。

除了看漫畫，愛畫畫的小朋友也很喜歡照著漫畫中的人物畫畫，還互相欣賞比賽。從小我就會在各種紙片上練習畫漫畫，課本和作業本上到處都是那些漫畫人物。

葉宏甲、陳定國、劉興欽、牛哥後來都成為漫畫界的一代宗師。小時候躬逢其盛，正碰上他們多產創作的全盛之年，充當了他們第一代的忠實讀者。漫畫中的主角和情節，當年都是小學生下課時繪聲繪影的談話題材，尤其是當故事發展到了高潮而又懸疑未決的時候，小朋友更是念念不忘、翹首以待。真的就像歌星羅大佑在《童年》那首歌裡寫的一樣，很想知道「到底後來怎麼了？」

衷心感謝前輩畫家們，為我們這一代人的童年加添了無窮的歡樂。

3-4 彈珠汽水

軍眷家庭除了正餐之外，一般情形下都沒有什麼零食可吃。偶爾吃顆橄欖、圓圓糖就不錯了，如果拿到一小盒「森永牛奶糖」，就算是過上了好日子。那時還有一種特別的零食——鳳梨芯。鳳梨芯是做鳳梨罐頭時的副產品（其實是廢料啦！），因為鳳梨芯太硬不好吃，做罐頭時就用機器把圓形的鳳梨芯切出來。鳳梨芯雖硬但還可以吃，腦筋轉得快的人就把它們批發回來，每根一毛錢賣給小孩當零食。

平常日子裡，小朋友喝不到汽水，只有喝喜酒的時候才有充足的供應。不過我覺得汽水太脹肚子，就算有汽水，每次我也只喝一杯就夠了。許多懷舊的文章都記述過一種特別的飲料——彈珠汽水。彈珠汽水是日本人流傳下來的飲料，得名於汽水瓶封口的方式，是用一顆玻璃珠從內部塞在瓶口上的。喝的時候，要把彈珠推進去，汽水才能流出來。彈珠汽水是當年最普通的汽水，大家都喝過，也都不是經常喝。隨著社會的進步，各種新飲料紛紛上市，彈珠汽水後來消失了很長一段時間。二十世紀末，彈珠汽水居然又「復活」了，成為一種饒有情趣的復古懷舊飲料，但汽水瓶已經從玻璃瓶改為塑膠瓶，少了些「古早味」。從彈珠汽水取出來的彈珠叫「汽水彈」，比一般彈珠晶瑩透明，是小朋友玻璃珠裡的精品。

台灣天氣熱，冰棒、雪糕是不可少的東西。最簡單的冰棒只是糖水冰凍後的產物，賣一毛錢一支。如果想吃綠豆、紅豆或是鳳梨冰棒，就得花兩毛錢。住鳳山的時候，我們只買得到冰棒，沒有雪糕。吃一塊錢一支的巧克力雪糕是搬到左營以後的事。不過，就是一毛錢一支的冰棒，也不是每個小孩子隨時隨地都吃得到的好東西。每當有人吃冰棒的時候，旁邊的小孩子總會要求給他「咬一口」。三四個小孩在一起，你咬一口、他咬一口，自己還沒吃就只剩下了半支。後來有人變聰明了，一看到會要求「咬一口」的小朋友過來了，先趕緊用舌頭把冰棒從上到下舔上一遍口水，然後說：「我全部都舔過了，不能給你咬一口了。」這招大部分時間還算管用，但還是會碰到死皮賴臉的傢伙，厚著臉皮說：「沒關係，沒關係，舔過了也沒關係，給我咬一口嘛！」「小氣鬼」碰到了「賴皮鬼」，再不甘心也只好給他咬一口啦。

有一天跟班上同學朱定華路過工協新村菜市場，他問我想不想吃番茄？接著說：「等我一下。」隨後就在一堆番茄前面蹲了下來，好像是在看人家做買賣的樣子。我呆呆地站在他身後，還沒弄清楚情況。不一會，朱定華的屁股底下，像母雞下蛋似的，「咚、咚、咚」滾出了一個番茄，我趕緊去撿起來。再等一下，又滾出了一個番茄。就這樣，我們「混」到了兩個番茄。朱定華跟我挺要好的，他不但成績不錯，而且也很愛畫畫，是我的畫友之一。好多年以後，我遇到了一位曾經住過工協新村的朋友，跟他聊到朱定華這個人，沒想到他竟認識朱定華。他告訴我說，朱定華中正理工學院畢業後在某機場服務，有一次大颱風夜裡騎摩托車不幸撞上了一架維修中的飛機而去世了，那時他還不到三十歲。意外聽到兒時玩伴的噩耗，真是不勝唏噓。

3-5 甘蔗田

在鄉下，有時候不花錢也能吃到東西。附近海軍電台裡有許多芒果樹，農田裡有香瓜和地瓜，小朋友結伴去弄一點回來，有吃有玩，其樂無窮。所有農地裡的作物，要算製糖的「白甘蔗」最特別了。

當年我家附近全是甘蔗田，在我看來整個眷區就像是一艘航空母艦，被四周的「甘蔗海」包圍著。甘蔗長得很高，小孩可以鑽在裡面躲貓貓，靜靜地躲在那裡，別人找不到。甘蔗快成熟時，每棵甘蔗頂上都會長出一支像羽毛一樣的甘蔗花，小朋友用點力就可以拔出來玩。甘蔗花的花稈有鉛筆那麼粗，而且是中空的，有一個直徑跟鉛筆芯一樣大的圓洞，孩子們塞進了鉛筆芯，就可以做成一支克難鉛筆。不過這種鉛筆不結實，拿來玩玩可以，不能真用它來寫字。除了這些特點，甘蔗還有一個最重要的功能，就是它「能吃」，是小孩子喜愛的免費零食。

眷村附近甘蔗田廣闊，甘蔗田中間還有台糖公司專用的小火車經過，常常滿載著整列火車的甘蔗「呼哧、呼哧」地開過去。中正國小的老師們經常告誡小朋友不可在鐵道上玩耍，更不可以在軌道上堆石子。甘蔗的栽種或收割季節雖然有很多人在田裡工作，但平時好像沒有人看管似的。小朋友想偷吃甘蔗，只要躲進甘蔗田，找根肥大乾淨的甘蔗慢慢啃就行了。我真不明白，為什麼每當運甘蔗的火車經過時，總有大膽的小孩跳上去拽一兩根甘蔗，我覺得這樣做太危險，而且像強盜一樣，簡直「太野蠻」了。其實我忘了，躲在田裡偷吃甘蔗，也不是什麼文明的事呢。

鳳山是陸軍基地，少不得有軍人出操、演習的時候。有天我經過一片甘蔗田，突然裡面冒出了幾個全副武裝的士兵在叫我，嚇了我一跳。原來那幾個「埋伏」在甘蔗田裡的大頭兵想拜託我去幫他們買包香煙。為了躲開「敵軍」視線，我想像自己是個機靈的游擊隊員，東張西望、躲躲閃閃地幫他們買了香煙，再「潛返」甘蔗田。大兵們拿了香煙，要給我幾個零錢，我認為幫國軍做事是愛國行為，所以挺「講義氣」地沒有收他們錢。

甘蔗是台灣傳統上的經濟作物，蔗糖更是當年少數創造外匯的經濟支柱之一，整個台灣南部遍植甘蔗與香蕉。不過，眷區附近現在已經徹底城市化了，大片蔗田早已消失，運甘蔗的鐵路也已經變成了柏油馬路，它的新名字叫做「博愛路」。

3-6 工協新村電影院

二十世紀五〇年代，人們沒有電視、電腦、網路、電子遊戲、摩托車和私家汽車。台灣人最重要的娛樂，除了打麻將、聽廣播外，就是看電影。眷村建立不久，各項設施正在增加的時候，不知道哪個想賺錢的人也在眷區工協新村後面的空地上，開設了一家露天電影院。不過這家電影院各項條件都不具備，以當時的標準來看也夠「克難」了。這是一個只有晚上才放映一場電影的電影院，外面用超過一個人高的竹籬笆圍起來。籬笆一共圍了兩層，中間還夾著一層竹蓆子，總之要在最省錢的情況下設法做到不被人偷窺。竹籬笆擋住了視線，解決了「偷看」問題，卻沒辦法解決「偷聽」的問題。一些買不起門票的小孩子，就靠在籬笆上偷聽電影的對白，好像聽廣播劇一樣，也能過一把癮。露天電影院最怕的就是下雨，下起雨來觀眾既沒辦法看下去，又捨不得馬上回家，真是為難呀。

電影院有固定的座位，但是也很簡陋，是用兩根粗竹子綁在一起的長條形板凳，板凳下方也用同樣粗的竹子做支撐。一排排竹板凳排列整齊，還有前排較低、後排漸漸升高的設計呢！安置放映機的放映室比較像個房間，有屋頂可以遮雨，有房門可以上鎖，不過也都是竹子做的。電影院沒有設置廁所，需要方便時如何解決呢？答案是：各憑本事。

克難電影院放映的是比較過時的影片，大多是黑白的國產片。老明星王元龍、羅維、仲情、嚴俊、李麗華、劉恩甲、蔣光超的電影都在那裡放映過。所有影片中，于素秋、曹達華主演的一系列黑白武俠片，最受小朋友歡迎。電影院剛開業的時候，生意似乎還不錯，後來慢慢地生意愈來愈差，維持了兩年多，大約民國五十年左右就歇業了，成為眷村發展史上曇花一現的花絮。

除了工協新村電影院，偶爾還有軍中電影隊來放映免費的露天電影。看這種電影頗有特色。首先，放映電影的設備很簡單，兩根支架、一個銀幕、一部放映機就萬事俱備了。其次，是放映的影片內容很不確定，有時候會演一部規規矩矩的劇情片，演完了就散場，簡單明瞭。有時候不演劇情片，而是演一些拉拉雜雜的宣傳片，像新聞電影、太空火箭、科學原理、卡通影片、美國籃球賽等等，「大雜燴」式地放映兩個小時。

有天我夾在幾個高中學生中間看免費電影，有個大孩子自誇說銀幕上的英文字他都認得。他的同伴不信，就說：「好，那你就唸給我們聽聽。」這傢伙於是一個字母、一個字母地唸道：「f、a、t、h、e、r、t……」，原來他認得的是所有的「字母」，把他的同伴都笑死了。我雖然跟著他們笑，但不是很懂，因為我連英文字母都還不認識。

不管怎麼樣，免費的露天電影永遠受到熱烈歡迎。也沒誰會通知你，總之發現有軍車停下來，幾個班長（老兵）在空地上架銀幕，大家趕緊回家搬椅子，到場子中間佔個好位子就對了。開演後觀眾愈來愈多，如果佔不到好位子就站在邊上看，人太多時也有人到銀幕「背面」去看，反正劇情也不會變。電影放映中，多少會出一些狀況。銀幕隨風飄動是最普通的現象，影片卡片、斷片、甚至停電、燈泡燒掉等情況都會發生。不過觀眾們都安之若素，沒人在意。

說到免費電影，記憶中還有在美國大學校園放映中國電影的故事。話說一九八七年我在美國留學的第二學期，我因為年紀較大而被「硬推」上了中國同學會會長之職（俺是來讀書的，又不是來做官的，當什麼會長嘛？）和前任會長交接的時候，我發現居然還有「放電影」這一項工作。原來台灣僑委會常年為留學生提供台灣老電影，同學會就接下了為中國同學放電影的任務。在美國大學裡放電影很方便，只要中國同學會出面登記一下，學校就按照預定放映時間，撥給你一間有放映機和銀幕的小禮堂，不收任何費用。我們跟僑委會聯繫，把我的收件地址告訴他們後，每隔兩週UPS（聯合包裹服務公司）墨綠色的貨車就準時把兩盤台灣影片送到我的住處，同時收回兩週前送來的電影，我們按時拿影片到學校去放映就行了。

僑委會提供的電影都是台灣出品的國語片，什麼題材都有，只有娛樂效果而沒有什麼政治作用。台灣同學來看電影，主要目的也都是來聽聽國語，調劑調劑海外求學的壓力，所以對內容的要求也不高。有時候他們也會帶幾個老美來看電影，顯示一下台灣風采。我個人覺得僑委會這一安排挺溫暖的，很感謝他們為留學生提供的福利。不過也有個別偏激的同學愛講閒話，說台灣政府利用放電影來對留學生做「統戰」，我想這種說法也太「泛政治」化了。

3-7 台北之旅

小時候孩子們腦海裡最了不起的地方就是「台北」，因為「蔣總統」和好多好多大人物都住在台北，所有「了不起」的國家大事也都發生在台北。除了台北，小朋友還不太知道有倫敦、紐約、東京等更大的城市。台北雖然很「偉大」，但我們誰也沒去過，孩子們心裡只有一些模模糊糊的嚮往。

三年級暑假的某一天，我在旁邊聽爸媽講話，爸爸說過幾天他要到台北去開會。我一聽到「台北」兩個字精神就來了，拽著老爸的手吵著要他帶我一起去。其實那時我也沒太當真，反正不鬧也是白不鬧。不料，爸媽商量商量，還真的答應了！我想在那個經濟不寬裕的時代，老爸肯帶我出遠門，主要還是因為我年紀小，坐車不必買票的關係吧？總之，在我幼年的日子裡，這可是歷史上的一件大事，夠我興奮得睡不著覺了！

下一個鏡頭，就是我跟著爸爸坐上了開往台北的火車。

民國四十九年由鳳山乘火車到台北，從早到晚需要花一整天的時間。一路上除了看著飛奔而逝的田野、山巒之外，我沒什麼事做，只好對著車窗的玻璃吹氣。老爸看我無聊，買了一束桂圓給我吃。我發明了一種遊戲，把吃剩下來桂圓核排成一列，一個個彈出車外看它能飛出多遠，自娛自樂。中午吃飯時間到了，我爸花五塊錢買了一盒圓圓的「台鐵便當」，父子倆津津有味地把它吃完了。

到了北部山區，火車開始鑽山洞。我爸把車窗關上，我問他為什麼？他說因為到了山洞，火車噴出來的煤灰散不出去，就會從窗戶進來塞滿整個車廂。後來果然因為有幾扇窗子沒關起來，車內空氣變髒了，我覺得我爸什麼都知道，真的好厲害。

慢慢地天黑了，我爸說：「台北快到了。」叫我不要亂跑。我乖乖地坐著，從黑乎乎的車窗往外看。突然之間，我的眼前出現一片燦爛耀眼的燈光，嚇了我一跳，整個人一下子呆住了。鄉下小孩從來沒有見過這樣美麗、輝煌，滿眼都是霓虹燈的夜景，原來火車正經過全台灣燈火最輝煌的台北「西門町」平交道。

我爸在台北開會期間，把我交給了北投復興崗的表舅，由他帶我玩了三天。表舅那時官拜上尉還沒有結婚，我就跟著他住進政工幹校教官的單身宿舍。表舅帶我到北投洗溫泉、給我買漫畫書、帶我去看電影、逛動物園和兒童樂園。台北這地方太棒了，有好多好高的房子，到處都是人和汽車，一切都讓我感到新奇和好玩。動物園和兒童樂園更讓我興奮不已。動物園裡有虎、豹、獅子、長頸鹿、台灣黑熊、大象林旺等好多種動物，我都一一仔細觀看，還餵牠們吃東西。兒童樂園有小汽車、小火箭、小船、小火車等各樣遊樂設備，我每樣都喜歡，都想玩一下。舅舅帶我盡情玩了三天，臨走把我交還給爸爸。老爸看夜車時間還早，又帶我到兒童樂園去玩了一次。台北之旅太開心了，回到鳳山講給小朋友聽，足足講了一兩年。

奇妙的「生活際遇」，有時候會送給人意料不到的小禮物。三十多年以後的民國八十三年，我陪爸媽從加拿大蒙特婁到紐約的火車上，又出現了一次幾乎與西門町輝煌燈火同樣的驚奇。

移民加拿大後，爸媽從台灣來看我們，我想利用這次機會陪他們到紐約玩玩，所以回程時買了從蒙特婁到紐約的火車票，計劃幾天後在紐約送他們搭華航飛機返台。火車在美加交界的沼澤地行駛了八個鐘頭後，我查看地圖提醒爸媽說：「紐約快到了」，就靜靜地看著窗外。同樣也是「突然之間」，整個紐約夜景在黑暗中一下子跳了出來，摩天大廈璀璨絢麗的燈光佔住了我們全部的視線，真是壯觀。一瞬間，小時候「西門町夜景」的畫面，突然從遺忘多年的記憶中蹦了出來。當年父親帶兒子上台北，這次兒子陪父母去紐約；相隔三十多年的兩次火車之旅，因為神奇的相似而帶給了我一個特殊的欣喜。

3-8 河溝裡游泳

游泳，是鄉下小孩夏天裡最快樂的事情之一。小學三年級以後，我就開始跟小朋友偷跑去游泳了。當時年紀小，大人們不可能允許小孩自己去玩水，所以必須偷偷行動。順著勝利路往前走，跨過現在的中山東路，是一個叫做「四維新村」的小眷村。穿過四維新村，會遇到一大片稻田，沿著田埂再走一段，有一條灌溉用的小溪，就是我們經常去的游泳場了。

開始的時候，我們遇到這條河還不敢貿然下水，後來膽子大一點的小孩脫了褲子先下水去探路，一步一步往前走，走到了對岸。我們發現這條小溪的水剛好到小孩胸部那麼高，正適合我們游泳。於是一個接一個，慢慢都下了水。玩熟了，我們對小溪溪底的地形弄得一清二楚，就完全不害怕了，常常呼朋引伴，在小溪邊跳上跳下地玩上一兩小時。不過我們也不能玩太久，否則被大人發現挨一頓打，可就得不償失了。我聽同學說，大人要檢查小孩是不是游過泳很簡單，只要用指甲在小孩的手臂上劃一下就知道了，因為泡過水的皮膚上會出現一條白線。我想他們講的也許有道理，不過我沒有這種煩惱，每次游完泳回家，我媽都還沒下班。

起初我去游泳時都不讓弟弟知道，免得他也要跟著去。直到有一次我和小朋友到了河邊，竟然發現老弟早已在水裡開心地玩鬧了。原來他每次來游泳的時候，也都瞞著我呢。自這次相遇以後，游泳的事才不再是我倆各自的祕密。我們那時游泳，小孩子全都是「光屁股」下水的。除了光屁股，我們不知道還可以穿內褲下水，甚至根本不知道什麼是游泳褲。

眷區附近還有兩個天然游泳場——埤頂水塘和大水閘。埤頂的水很髒，是黃色的死水，甚至還有大便浮在水面上。大水閘的水很深夠不到底，聽說至少有三個小孩那麼深，我覺得太危險了。四年級時，隔壁孝班一個大膽莽撞的小朋友，就在大水閘游泳時淹死了，學校還為他開了一次追悼會。這兩個地方我都只去過一、兩次就不再去了。

3-9 基督教會

四年級的時候，公路局車站那邊的甘蔗田中間，開出了一條小路，小路的裡面新建了一間基督教堂。不記得第一次是誰帶我去了教堂，總之去過幾次，我不知不覺地變成經常去教堂的小孩。別人家的孩子都是跟著父母來教會，我卻是自己跑去的。教會的老師把小孩子聚集在一起，為我們舉辦一些講故事、畫圖等活動，還送我們一些用過的漂亮聖誕卡。在我的眼裡，教會的老師跟學校的老師差不多，他們規定的聚會

鳳山基督教教堂

時間我都蠻當一回事地準時參加，甚至颱風天也不缺席。教會的老師看我忠心耿耿的好像很可教，還派我在聖誕節表演裡擔任小天使的角色。畢竟當時年紀小，雖然常到教會去，但是對基督教蒙恩得救的教義一點也沒概念，只是聽說了一些耶穌和聖經人物的故事。

在教會裡學會了一件事，就是「禱告」。教會的大人告訴我，禱告是跟上帝講話，不管什麼事、什麼時候都可以禱告。有一次在抓蜻蜓的時候就用上了禱告，可惜沒發生效果。那時候小孩抓蜻蜓的方法是先抓一隻容易抓到的小蜻蜓，然後把它綁在一根長長的草上，抓在手裡對著真正想抓的大蜻蜓一直划圈圈，口裡還念念有詞地「騙」大蜻蜓，用台灣話說：

「蜻蜓蜻蜓，來吃啊，吃飽了放你走。」來勾引大蜻蜓吃小蜻蜓，如果大蜻蜓停下來咬小蜻蜓，我們就可以抓到它了。為什麼用台灣話說呢？我猜當年那句話一定是埤頂的農家小朋友教我的。我用這個方法抓蜻蜓，抓了半天也沒成功過一次。小腦袋突然想起教會裡教的禱告，我就停下來，站在草叢裡誠心誠意地向上帝作了一個禱告，求上帝幫我抓住那些漂亮的大蜻蜓。想想看，一個小孩在草叢裡虔心禱告的畫面，該有多麼單純可愛啊！

禱告完了，我再試試抓大蜻蜓，但還是沒抓到半隻。試了幾次，上帝都沒同意只好算了。五年級以後去教會的次數慢慢減少，後來搬家去了左營，因為附近沒有教會，就把基督教徹底給忘記了。

三十五歲時到美國留學，我才重新接觸基督教。兩年後得到碩士學位的同時，受洗成為基督徒，接受耶穌做我個人的救主。感謝讚美主，受洗後我的生命發生很大的改變。回憶往事，慢慢地體會到：我的蒙恩得救不是開始於受洗之日，早在我十歲那年第一次到教會時，耶穌基督就開始護佑我了。

3-10 海軍交通車

當年鳳山眷區的日常生活脫離不了一項重要的公共服務，就是頗具特色的「海軍交通車」。海軍仿照美軍工作習慣，也有一個汽車大隊，擁有相當數量漂亮的美國灰色大巴士。海軍交通車從左營出發，主要聯結的是左營軍區、高雄港、鳳山眷村和散居於高雄各地的海軍人員。

作為一項交通工具，海軍交通車的功能絕對不止是接送海軍人員上下班那麼簡單。他們服務的範圍還包括了軍眷、海軍子弟、退伍人員和許多相關的團體。當然，海軍的任務第一重要，所以海軍交通車裝滿了一整車穿戴整齊的海軍人員上下班的形象，也成為高雄市區的風景之一。

海軍交通車複雜的服務工作，都是利用正常任務之外的「去程」或「回程」來完成的。每天早上交通車從左營前往鳳山，先要在軍區裡繞一圈，把到高雄上學的高中生帶上，沿路放下了雄中、省高女中、道明中學、省鳳中、縣鳳中的海軍子弟以後，才以空車姿態到達工協新村，接那裡的海軍官兵到左營上班。下班時也是一樣，沿線各校的海軍子弟看到送軍人下班的交通車經過後，就開始集中在校門口，等待乘坐回程的空車回左營。住在鳳山的海軍子弟因為乘車時間與海軍上下班時間一致，所以只能等軍車有空位時才能上車。當年我媽在高雄港碼頭工會工作，每天也搭乘海軍交通車上下班。我和弟弟經常到媽媽下車的地點去接她，當十輛左右海軍交通車轟隆、轟隆地從遠而近的時候，我們就知道媽媽回來了。我看《竹籬笆內的春天》那部電影時發現，空軍也有接學生上學的服務，不過他們乘坐的是大卡車，比海軍漂亮的大巴士差多了。

海軍交通車對學生們體貼的服務，有一次竟讓我和弟弟淺嚐了如同「孤兒」般無助的經驗。

那年中正國小帶我們去遠足，學校請海軍幫忙，利用星期六中午送海軍回家後的空車，把小學生送到遠足地點，我們玩完了再走路回來。我媽覺得這種安排很好，她決定當天上午才在碼頭工會附近為我們買遠足的食物，然後乘交通車回來，把食物交給我們，這樣遠足和上班就可以兼顧啦。

問題是：送海軍回家的交通車還沒有到達，參加遠足的小朋友就開始在學校排隊了。近午時分，小朋友們陸續從我家門前經過，一個個背著媽媽準備的好吃東西，高高興興地到學校去集合。集合時間到了，我和弟弟卻什麼東西也沒有。學校裡各班老師都開始點名了，我和弟弟可憐巴巴地看著小朋友們歡歡喜喜地排隊，而我們卻去不了。左等右等交通車都沒有來，媽媽到底會不會回來也不知道。不禁悲從中來，流下了淒涼的眼淚。

不知道經過了幾百年，終於我們聽到了交通車熟悉的聲音，媽媽回來了！交通車經過中正國小時，我媽在車上看到校門前小朋友已經排好了等車的隊伍，知道我和弟弟不在裡面，也感到很著急。媽媽下了交通車大步趕回家，看到兩兄弟「無依無靠」的可憐相，心裡一酸，趕緊在我和弟弟的空書包裡各塞了一包準備好的食物，拉起我們的小手就往學校跑。好在我家離學校近，三分鐘就到了。正當我媽氣喘吁吁地跟老師說：「來不及了，來不及了！」的時候，到工協新村放下了回家的軍人，又調頭回來的海軍交通車也一輛接一輛地停到了中正國小門前，準備接我們去遠足了。

小孩心情變化快，順利上車以後，剛才孤兒的感覺立刻就拋到了腦後，照樣跟著大家又唱起了兒歌。

3-11 海服老爺車

海軍交通車雖然不要錢，但它們是軍方車輛，主要任務是為軍人服務，眷村人出門還必須有其它交通工具。公路局長途客車是重要而又可靠的公共汽車，唯一的問題是費用略高。人們為了省錢，非不得已不坐公路局班車。鳳山眷區除了海軍交通車、公路局班車外，還有一種非常特殊的公共汽車，叫做「海服交通車」。

看清楚哦！「海服」和「海軍」交通車只差一個字，卻是天差地別的兩回事呢！

說起「海服交通車」，知道的人一定會「會心一笑」，發笑的原因一方面是取笑海服交通車的滑稽現象，我相信另一方面也是對那一段乘車經驗的親切回味。時間過去那麼久了，不知道還有多少人擁有這一段共同的記憶呢？

海服交通車是一輛從左營北站出發、穿過高雄市區，以鳳山工協新村為終點的收費公共汽車。說它是一個公司也好，說它是一條公車路線也罷，反正他們就只有一輛「老爺車」，每天在左營、鳳山之間慢吞吞地往復行駛，一天來回個十次左右。海服交通車之所以受到青睞，主要的原因是它價格便宜，而且它行駛的路線，正好符合了左營和鳳山眷村人前往高雄市購物、辦事情的需要，我們經常都算準了時間去搭乘。

海服交通車受矚目還有一個原因，就是它的車況。它的車況簡直是——「太爛」了！

就拿民國五〇年代的車輛標準來看，海服車都已經超過了「報廢」的水準。當年大型客車不多，馬路上往來的車輛以海軍交通車最漂亮，其次是公路局的車輛，他們還有金馬號客車，都是嶄新的車輛。人們在高雄市區經常乘坐的高雄市公共汽車是第三級，品質高低不平均，有新有舊。不過就是最破舊的高雄市公共汽車，車況還比超齡的「海服車」要好得多。

老舊的海服交通車外表「慘不忍睹」，銹跡斑斑不說，車體也凹凹凸凸地，一點也不平整；車窗還歪歪斜斜地，沒有幾扇可以順利開闔。車子發動以後，車身會「興奮地」抖動，聲音隆隆，活像坦克車。對於喜歡生活有一點變化的人來說，搭乘海服車保證不會令他失望，因為車子行駛中任何時候都有可能「熄火拋錨」，讓乘客措手不及。拋錨地點在市區還好，乘客可以立即換乘其它車輛。如果不幸拋錨在換車不方便的田野間，乘客們只能慢慢等待有人來修車啦。我們搭乘海服車，除了提心吊膽之外，還有一種被「降級」為「難民」的感覺。所有乘客對海服車「只修不換」的超級克難精神都是無限佩服。廣為流傳的一則笑話是：「海服車經過以後，你只要仔細找找，一定會在地上找到幾顆螺絲釘。」偶爾有人發現海服車車身噴了新油漆，它得到的絕對不是稱讚，反而是毫不留情的譏笑：「哈！時代怎能不進步呢？連海服車都噴漆了耶！」

不管怎麼說，由於海服交通車是左鳳線上唯一的直達車，所以它絕對不是「可有可無」的擺設。從小學到高中畢業，直到我家搬離了眷村，十多年間海服交通車一直都兢兢業業地行駛著，忠誠地為海軍眷村服務。總之，它就是一直「存在」著，成為眷村生活中實實在在的一分子。

老實說，海服交通車的身份確實有點「詭異」。當年高雄市除了市政府興辦的公共汽車外，並不允許私人經營公共汽車業務。另外，海服交通車也不可能是海軍當局投資的事業。因為它的車輛實在太爛了，海軍就是想搞特權兼營公共汽車業務，也不可能使用這麼破爛的車輛來丟海軍的臉。我猜想，海服交通車一定是利用公家名義經營的私人企業，跟工協新村的露天電影院情況差不多，都是當年夾縫中的產業。好在那年頭老百姓對「特權」這類事不敏感，沒有人出面調查，海服交通車就這樣生存了下來。

3-12 社會大事記

住鳳山那四年，我在中正國小一直讀到五年級快要結束的時候。這種年齡的小孩除了家庭作業帶來一些煩惱以外，通常是無憂無慮地四處遊蕩，根本不知道什麼是國家大事。不過，當年轟動台灣社會的一些事情，還是讓我莫名其妙地記住了。

民國四十八年八月七日至九日，艾倫颱風帶來大量雨水，三天之內下了平常一整年的雨量，造成台灣光復以來最嚴重的水災，史稱「八七水災」。當年鳳山地區除了連續幾天下大雨之外，沒有什麼損失。我記得當時在旁邊聽大人們講這次天災造成的各地災情時，聽著聽著竟然睡著了。

民國五十年二月，有四名軍校學生在台北瑠公圳發現了一具女性的頭顱及上半身屍體。一時間，這起「分屍案」轟動了整個社會。本來台北的謀殺案跟鳳山的小孩子一點關係也沒有，問題是這個案子久久不能破，案發幾十天了，連死者的身份都沒有查明，還驚動了蔣中正總統的注意。後來辦案人員開始在全台灣張貼懸賞，連鳳山眷區這個偏遠的鄉下地方也在村前、村後的好幾個地方張貼了懸賞告示。小孩子不關心案情，但是很好奇。記得我和小朋友們圍在告示邊看被害人照片時，大家議論紛紛，都感到觸目驚心、特別可怕。當年新聞媒體大肆報導、猜測了五十二天，分屍案終於破案了。各大報紙詳細報導兇手作案的手法，大人們都花錢買一份報紙來看看，連我這個還不太會看報的小孩，也撿起大人看剩下來的報屁股，津津有味地詳細閱讀了一番。

六月，我們聽到了一個大消息，說左營的半屏山發生了「山崩」。半屏山是左營著名的地標，山勢奇特，與山腳下的蓮池潭、春秋閣相互輝映，出現在許多風景照片上面。那年頭房屋不多，我們從工協新村電影院的後面（現建國路一段），就可以穿過田野遠遠望見左營那頭崩塌後一片黃土的半屏山。山崩的原因是因為水泥廠從山腳下挖掘石灰岩，使得上方岩石漸漸失去了支撐，又經過雨水的不斷滲透、沖刷，終於滑落下來。網上資料顯示，這次山崩造成四十二人死亡和一千多公尺縱貫鐵路的變形。山崩事件與我們也有關係，因為班上一個同學的爸爸就在水泥廠工作，不幸在這次意外中喪生。歲月匆匆、物換星移，半屏山的地貌因為山崩發生了變化，山腳下的水泥廠已停工多年，黃土畢露的半屏山早已恢復了翠綠色。想起這位從小失去父親的老同學，不禁感傷，不知他後來的際遇又如何了呢？

民國五十一年夏天，我十一歲。台灣宣佈嘉義、台南地區發現霍亂病例，全台進入疫區。霍亂直接翻譯為「虎烈拉」，是一種「病從口入」的急性腹瀉傳染病，能在數小時內造成患者腹瀉、脫水甚至死亡。疫情發生時正當暑假期間，所有人都被嚇壞了，眷村裡設立了疫苗注射站，免費為全部居民注射疫苗。打霍亂針很痛，注射後手臂還要紅腫兩天。人們害怕吃了不乾淨的食物染上霍亂，都不敢在外面用餐。大人們一次又一次的告誡我們不可以喝生水、要勤洗手。當年的水果銷量一落千丈，整個社會都停止出售各種冰品。風聲鶴唳中，小朋友度過了一個沒有冰棒的暑假。

台灣鬧霍亂的同時，東德政府開始興建「柏林圍牆」，是二戰後德國分裂和美蘇冷戰的重要標誌。看起來柏林圍牆遠在歐洲，似乎與我無關，可是它從民國五十一年開始興建，直至民國七十九年拆除，實際存在的二十八年期間，正好涵蓋了我從一個不懂事的小孩成長為大男人的整個過程。年復一年，關於柏林圍牆的報導，總是進入我的視線，不是西方各國政要到圍牆邊發表演講，就是東柏林市民設法突破鐵幕的勇敢悲壯事跡。尤其是《讀者文摘》雜誌每隔幾年都會報導一篇東德人民挖空心思，利用汽車洩氣、挖地道、熱氣球、甚至撐桿跳等各種方法投奔西方的精彩故事，更是讓我反覆閱讀、耳熟能詳，佔據了我記憶中一個長久而特殊的位置。

民國七十八年十一月，我早已娶妻生子，內心裡根深蒂固地認為柏林圍牆的存在，已經是永遠不可能改變的事實了。令我萬分驚訝的是，那年柏林圍牆竟然在沒有流血的情況下，一夜之間被推倒了！在電視上看到年輕人爬到圍牆上狂歡慶祝的畫面時，腦海中東德警方開槍射殺闖關者的影象還揮之不去。劇烈的形勢變化，讓我張口結舌，簡直無法相信「活生生的歷史」就在我的眼前展開！

4 眷村生活

資料顯示，國軍自建眷村始於民國四十五年，後來規模不斷放大，陸續在全台各地興建了八百多個眷村，解決了幾十萬人的居住問題。在那個「新唐山過台灣」的時代背景下，我從七歲到十九歲，一共在眷村居住了十二年，度過了一段特殊又無法忘懷的童、少年時期。

4-1 外省聚落

從市區搬進眷村，最大的不同就是一下子掉進了幾乎全都是「外省人」的生活圈子。在高雄市大仁路和鹽埕國小時，街坊鄰舍都是本省人，接觸到的外省人就只有三信合作社樓上這十幾家人和爸媽帶回家的客人。到了貿協新村，眷村裡差不多全是外省人，我的感覺是三信合作社一下子擴大了一百倍。

中正國小雖然每一班都有幾個來自「埤頂」農家的本省孩子，但人數都很少，本省人反而成了少數族群。埤頂的本省農家不太重視教育，有些孩子來學校讀書，完全是被「義務教育」制度給逼來的。他們都比較老實，好多人小學畢業就回家種田，跟眷村或城市裡的人不太一樣。那時候我才二年級，雖然知道誰國語講得比較好是眷村的，誰講話帶著腔調是農村的，但小朋友玩在一起也沒有什麼明顯差異感。

4-2 居住狀況

眷村的生活確實很有它自己的特色。首先，大家都是離鄉背井的落難人，反正再過幾年反攻大陸還要回老家，所以暫時有地方住住就不錯了，並不太要求更好的居住條件。早期的貿協新村，兩家共用一個水龍頭，沒有自家的廁所、浴室等設施。房子是仿造軍營的設計，全是平房。牆壁下半部是磚牆，上半部用竹子編好骨架，然後糊上黏土，再刷上白粉。最早的眷村都沒有天花板，從客廳裡直接可以看到上面木頭做的橫樑。地板是抹平的水泥地，有些人家會加工一下，做個磨石子地板。也有人拿軍艦上的油漆回來，把地板漆成了淺灰色。那年頭普通人家還沒有使用地磚這類建材。眷村裡的孩子們從來沒有聽到大人對居住條件有什麼抱怨，所以也認為住家本來就應該是這個樣子的。

眷村房屋前面的小院子都圍著竹籬笆，籬笆旁邊通常種著籬笆花。不過竹籬笆不結實，一段時間後會腐爛。所以當人們發現必須在台灣定居以後，紛紛又用磚頭砌起了新的圍牆。院子裡除了種些普通花草，也可以種木瓜、桃子、葡萄等果樹。還有人種些辣椒、茄子、絲瓜、韭菜或番茄。蔬果成熟了，除了自己吃，剩下的全部分給了左鄰右舍。屋後空地的利用價值最高，先是搭起小孩的房間和廚房、浴室等「克難」的附屬建築。如果還能找到一點點空間，也有人養雞、養鴨、養火雞什麼的。鳳山時期，我們家因為別人送了幾隻小鵝，所以也養過幾隻會追著小孩跑的大白鵝。

眷村裡每家每戶都都在後院搭建了一些附屬建築，所使用的建材受各家經濟條件、人口需要和興建年代的影響而略有差異。最初多是用廢棄材料來搭建，後來不斷拆了再建，愈建愈好，十年後甚至有人蓋起了鋼筋水泥的二層小樓。除了屋前屋後，如果附近還有空地，也都會有人想辦法利用來種菜或搭棚做小生意。

被分配了房子正式住進眷村，算是比較幸運的軍人。還有一些軍人、退伍人員或與軍人有關的外省人，也住在眷村附近的地方，他們的居住情況就沒有那麼規律了，有人住在民家裡，有人住在竹棚裡，人們用各式各樣的方法找個安身之地。

4-3 南腔北調

眷村裡的爸媽還有一個特色，就是他們說的「家鄉話」。外省第一代來自全中國各省份，大江南北、五湖四海的人都聚居在左鄰右舍。各自說起話來南腔北調，中國所有的方言都並存在眷村裡。孩子們在他們的身邊長大，從小就對中國豐富的方言有深刻體會。有時候大人小孩互相模仿著玩，怪腔怪調的講山東話、四川話、揚州話等。「阿拉自家人」、「卡溜、卡溜」、「乖乖隆地咚，韭菜炒大蔥」，或是把「鞋子」說成「孩子」之類的，十分逗趣。據我所知，岡山地區的眷村孩子，從小還集體講四川話，可能跟他們父母是一起從四川遷來有關吧？

安徽合肥人把「雞」不讀成「機」，而讀成「支」。眷村有一個安徽媽媽常把「老母雞」念成「老母支」，大家都覺得挺好玩的，日子久了「老母支」就成了她專用的外號。順理成章地，她的老公黃醫官也變成了「老公支」。

這個故事的續集是四十多年後的二〇〇〇年，我在合肥籌備一個電腦商場的開幕活動，準備忙完了上午的工作，下午搭飛機回上海。人進人出大家正忙碌的時候，我看見有一閒人在那裡東張西望，問他有什麼事？他說他是來送支票的，於是我告訴他去找會計談。轉念一想，我們安徽的工作才剛開始，哪有什麼支票往來戶呢？追問之下，果然這位仁兄不是來送「銀行支票」，而是來送「飛機機票」的。哈哈！他不知道，他的老鄉早在幾十年前就已經在寶島台灣宣傳「老母支」了。

4-4 粗話髒話

眷村生活很令人懷念，但也有不好的地方。受到軍人家長的影響，眷村孩子很會講粗話、髒話，一開口就問候別人的母親或祖母。小學二年級剛剛搬進眷村，我就感覺到許多人講粗話不太習慣，爸媽也特別告誡我們不要跟著學。但是「近墨者黑」，小學時期還算可以控制，到了豪邁尚武的中學時期，眷村的大環境還是佔了上風，大家都是滿口粗話。眷村男生們講話時如果沒有幾句「國罵」墊墊底，言談中就沒了驚歎號和形容詞，變成詞不達意。成年以後努力注意自己的言詞，算是慢慢減少了這種惡習。但心情特別好或壞的時候，只要想暢所欲言，粗話、髒話還是會自動蹦出來。

結婚以後，有一次開老爺車載老婆上街，突然遇到一位冒失的摩托騎士，看也不看的朝我直衝過來，情急之下我趕緊按喇叭、踩剎車，同時下意識地從嘴裡連續爆出了×××、×××、×××、×××，四、五句眷村子弟專用的粗話。緊急狀況解除以後，老婆竟悠悠地冒出了一句：「好啊，你還會講這麼多髒話啊！戀愛五年、結婚兩年，我居然都沒發現！」除了暗自偷笑外，我什麼話也沒說。

除了粗話髒話，眷村人還會講一些通用俚語，像拉風、騷包、老二、嗝屁、打勃、粑粑、支歪、雜碎之類的，沒跟眷村孩子接觸過的本省人根本聽不懂。這些俚語是什麼意思呢？順便解釋一下：

拉風：「很神氣」的意思，不管什麼好事情，都可以說：「哇！他好拉風哦！」

騷包：「自以為美、臭美」的意思。例如：「功課好，就騷包啦？」

老二：男人生殖器的代名詞。老大是什麼？沒人知道。

嗝屁：「死了、結束了、或完蛋了」。據統計，人類「嗝屁」的機率是百分之百。

打勃：就是「親嘴」啦！是電影上外國大人做的事情啦！

粑粑：「大便」的兒童用語。如果還包括動作，就是「屙粑粑」或「拉粑粑」。

支歪：是「不順利、不正常」的意思。例如：「這件事辦得太支歪了！」

雜碎：「差勁、沒有用的人」。「小雜碎」、「那個雜碎」是經常的說法。

眷村孩子說的這些俚語，很多都不是我們發明的，它們一般都其來有自、源遠流長，是爸媽們從大陸各省帶過來的，我們不過是繼承了一些「中華粗俗文化」而已。粗話、髒話和俚語好像是眷村子弟的基本語言，多年來在許多不同場合，如果聽到了某些熟悉的詞彙，我立刻意會：「嘿！又遇到眷村長大的傢伙了。」

4-5 克難精神

回憶早年的眷村生活，總是與經濟、物資的匱乏有關。大家都是軍人家庭，不論爸爸是軍官還是士官兵，整個社區一個「有錢人」也沒有，大家都要靠微薄的薪水數算著過日子。記得有一天和媽媽到麵攤吃麵，遇到了一個在麵攤打工的退伍老兵，他說他現在有了幾套衣服、電扇、收音機等東西，神采飛揚地自誇：「我現在什麼都有了！」可見，老兵退伍時一定什麼私人物品也沒有。

應對匱乏之道，需要的是忍耐與刻苦精神，刻苦的同時還需要保持希望、積極進取，這就是當年「克難運動」所提倡的「克難精神」。

「克難運動」來自軍中，是ＤＩＹ名詞出現以前的最原始版本，聽說最早是由蔣經國先生發起的。政府遷台之初，國難當頭，國家正處於風雨飄搖之中，「克難運動」適時提出來，鼓勵大家勤勞節儉，設法用最少的資源做最多的事。整個社會一時風起雲湧，如火如荼地長期推動，產生了無數與克難運動有關的現象。軍中有克難英雄、克難球隊、克難樂隊；社會上有克難牌香煙，台北市還有一條克難街。甚至大人為小孩取名字也用上了「克難」兩個字，張克難、李克難等，成為一些人終身的代號。

眷村裡到處都是拼拼湊湊的「克難」成果。兩家人共用的低矮水龍頭略微改裝，就變成了兩個較高的出水口，一家一個，站著用水方便多了。如果有需要，還可以再接新的水龍頭，繼續克難一番。沒有私家廁所，痰盂就成為冬天或夜裡「中轉救急」的克難設備。生活上有什麼不足，只要動腦筋「克難、克難」似乎就有新的希望。總之，眷村第一代的爸爸和媽媽們，幾乎個個都是「克難高手」，克難招數層出不窮。

傢俱設備方面，起初也是簡陋的克難用品，先求有，再慢慢求好。最便宜的竹床、藤椅率先進入一個個眷村家庭，慢慢才換上了木板床、席夢思、沙發椅。跟別人家一樣，我們家東西也不多，沒有電風扇，只有一個真空管的收音機和一輛腳踏車。

可能是在民國四十九年吧，我們家曾經添置過一樣幾乎所有人都沒有聽過的設備——手搖式洗衣機。手搖洗衣機是一個帶著支架和搖桿的圓球形物品。圓球上面有一個蓋子，把蓋子轉開，倒進熱水，加入切細的肥皂（那年頭我們還不知道什麼是洗衣粉）和髒衣服，旋緊蓋子，用手轉動搖桿就可以洗衣服了。搖了一陣子，覺得衣服洗乾淨了，還得把衣服倒出來，用清水過一下，洗掉衣服上殘留的肥皂。這種洗衣服

手搖式洗衣機

的方式很麻煩，效果卻不好，還不如直接用手洗來得乾脆俐落。手搖洗衣機買了沒多久就被媽媽閒置了，我猜想這個產品也沒有真正流行過，因為我從來沒看過第二個人家使用這種洗衣機。

說來有趣，沒被市場接受的商品，卻被教科書一代一代地記錄著。話說一九八七年我在美國留學，老教授在市場學課堂上解釋產品壽命週期時，談到所有商品的壽命都有限制，很多盛極一時的商品都被新的商品淘汰了，隨後他念出課本上許多被淘汰商品的名字。我聽到「手搖式洗衣機」時，就有似曾相識之感，剛巧美國學生發問道：「手搖式洗衣機是啥玩意？」只見教授揚了揚眉，回答說：「很抱歉！俺也不知道。」

我聽了他們的對話，心想台灣鄉下的小孩子幾十年前就操作過這種東西了，誰知道多少年後還會和它在美國教室裡重逢呢？真有意思。

4-6 伙食服裝

眷村裡沒有「吃飯問題」，卻有吃菜、吃肉問題。

軍眷領「眷糧」家裡有米，但收入微薄，物資缺乏，偶爾沒有菜配飯，倒也稀鬆平常。碰到有飯沒菜的時候，應運而生的「克難」之道至少有「醬油拌飯」、「豬油拌飯」、「三鮮湯」三種常用的招式。在白飯裡倒一點醬油，攪拌攪拌就能混過最簡單的一餐了。如果家裡還有豬油，用勺子挖一勺凝結的白色豬油，攪拌在熱騰騰的米飯裡，還能吃到一碗香氣四溢的豬油拌飯。我媽在高雄碼頭工會上班，回到家偶爾會過了吃飯時間，她匆忙準備晚餐時常常變的魔術之一，就是「三鮮湯」。三鮮湯是一大碗熱開水，加上醬油、豬油和蔥花就完成了，我們用來泡白飯吃。小時候我嫌三鮮湯裡什麼也沒有，我媽卻說有三鮮湯泡飯，吃飽了就跟神仙一樣舒服，所以三鮮湯也叫「神仙湯」。

當然，軍眷也不是永遠沒菜吃，偶爾打打牙祭也和沒菜吃一樣正常。誰家要是弄了些好吃的，準會拿一些出來分享。比如部隊殺豬帶了大塊肉回來，或是家裡包餃子，總會叫孩子端一盤，熱騰騰地送到隔壁幾家去，大家都來嚐一嚐。

吃飯有時候要克難，小孩穿衣服就更需要克難精神啦！把爸爸的舊軍服拆了改給小孩穿是眷村媽媽們最普通的手藝。哥哥姐姐穿過的衣服、鞋子給弟弟妹妹穿，更是家家戶戶的正常狀態。小孩子長得快，也頑皮，屁股上有補丁、手肘上撕破一個洞或是長褲短了一截的現象，比比皆是、無以為怪。當年小學生穿襪子，前後都有破洞是常見的事。襪子前面露出了腳趾，後面露出了腳跟，叫做「前面賣花生米、後面賣鴨蛋」。

我讀小學時，台灣農業還無法自給自足，需要美國人援助糧食。老美送來大批免費的麵粉，都裝在印有「中美合作」字樣的麵粉袋裡。台灣人倒出了麵粉，還捨不得把麵粉袋丟了，都洗一洗、曬乾了，改給大人小孩做內衣褲穿。於是好多小學生的身上都有「中美合作」、「品質優良」、「淨重22公斤」等字樣，成了當年的一個風景。別看麵粉袋不值錢，它還是一門生意呢！我的一個同學他爸爸就是麵粉袋的批發商，他放學後的家務之一，就是去看管洗過後曬在空地上一片片還沒有乾的麵粉袋。

有天，我隨口跟一個小朋友說他的皮鞋擦得好亮，他說因為今天是星期一他才穿皮鞋。我覺得很奇怪，問他為什麼？他說星期二到星期六他都穿球鞋，球鞋穿了五天臭了，星期天要洗，但是星期一還沒有曬乾，所以每到星期日和星期一他都穿皮鞋。原來如此，難怪這位叫夏小明的同學永遠是乾乾淨淨地，他媽媽真會過日子。在中正國小上學的時候，我觀察到本省農家的生活似乎過得比軍眷還要窮困，因為他們總是打赤腳上學，好多鄉下小孩都沒鞋子穿。幸好台灣天氣溫暖，冬天熬一熬也過得去。老師看到我們有鞋穿的人，學他們打赤腳跑來跑去地玩耍，通常會訓我們一頓，不准我們打赤腳。但碰到真正沒鞋穿的孩子，就裝著沒看見，不忍心說他們。

小時候雖然我每年都有新衣服、新鞋子穿，但新衣服只有一兩套，很快就被我穿破了，按照當時潮流，打個補丁就能繼續再穿，絲毫不覺得寒酸。記憶中這段時期還不短，直到我十六歲（民國五十六年）以後，才再也沒有穿過有補丁的褲子。

在眷村長大的孩子，從小就知道生活是匱乏和艱辛的。但是如果懂得安分守己、努力、勤儉和互相幫助的話，大家似乎都還過得挺有希望的。

4-7 守望相助

眷村裡「守望相助」的精神特別讓人感到溫暖。我們家因為上班時間媽媽都不在家，所以我們兄弟特別受益於左鄰右舍的照應。到了吃飯時間，媽媽要是還回不來，隔壁祁媽媽或再過去幾家的駱媽媽、何媽媽他們一定會叫我們過去吃飯。有一次我們兄弟正坐在駱媽媽家吃飯，忽然聽到祁媽媽在那邊喊：「雄華、仁華，過來吃飯哦！」我們趕緊大聲回應：「我們已經在駱媽媽家了！」祁媽媽才「哦！」的一聲，放了心。

說起祁媽媽和駱媽媽，他們兩家人都令我十分懷念。祁媽媽住隔壁，我們得到他們的照顧最多。鳳山時期祁大哥讀高中、祁二哥讀初中，而我才讀小學二、三年級，很喜歡跟在他們後面打轉，聽他們講那些我不怎麼懂的新鮮事。那些時候，如果媽媽事先知道要加班，只要前一天打個招呼，晚上祁媽媽必定會派祁大哥或二哥來盯著我們作功課。寫到這裡，使我我想起生平第一篇作文，因為我只懂得「造句」，根本不知道「作文」是什麼意思，所以無從下筆，我媽只好請祁大哥代筆嘍！

說起駱媽媽家更是有緣，海軍陸戰隊只有兩個姓「駱」的上校，一個是我爸爸（不知何時我爸肩上悄悄地掛上三朵梅花，升了上校），另一個是駱伯伯，而兩家卻住在貿協新村的同一排房子裡。駱伯伯黃埔軍校畢業，是個驍勇善戰的軍官，他當營長時在大陸東北出生入死，立過顯赫戰功。鳳山時期駱伯伯曾擔任過「南沙群島指揮官」，足足有一整年不在家。他回來時帶了很多蝦醬、蟹醬、曬乾的海龜肉，我們也都跟著沾光分享。後來我們兩家先後搬到了左營果貿三村，竟然住得更近，變成了隔壁鄰居。忽然我又想起，左營果貿三村左邊隔壁的夏伯伯也擔任過南沙指揮官，他和駱伯伯性格不同，回來時帶了一大堆漂亮的貝殼，只能看卻不能吃。

駱家有四個孩子，跟我們家三個孩子的年齡不相上下，而且又一起讀中正國小、海軍子弟小學、海青中學，大家的外號都是「駱駝」，別人很難把我們兩家區分得清楚。駱家的孩子個個成器，其中老大麗華跟我同年級，功課最棒，永遠名列前茅。長大後她考取台大護理系，畢業十年後繼續深造，得到美國護理博士學位，退休前開創過成功大學醫學院的護理部。記得小學三年級時，有一次爸爸從部隊回來，我驕傲地跟他說這次月考國語、算術、常識三科，我考了兩個一百分，一個九十多分，心想應該得到一番嘉獎才對。想不到我爸的消息比我還靈通，他說：「人家麗華考了三個一百分哎！」小傢伙吃了一記悶棍，到今天還記得這麼清楚，顯然我幼小的心靈當年還真的受了點挫折呢。

眷村裡大家住得近，相對的隱私也沒太大保障。誰家夫妻不和吵架了、小孩不乖挨打了，總之只要弄出一些大動靜，左右鄰舍都會過來看一看，管管閒事，或是勸架說理、主持公道，好像是他們自己家的事一樣。有趣的是，別人家的孩子不乖，鄰居不光是來勸大人手下留情，有時也會跟著他們一起罵小孩。說實在的，那年頭沒有幾家人有親戚可以走動，左鄰右舍的鄰居，不但是同事、同志、朋友、同學，也都像親人一樣互相關心。我們在台灣的唯一親戚，就是遠在台北的表舅，他一年一度到我們家過年，永遠是我們家的大事。

夏天的夜晚，大人小孩都喜歡搬幾個小板凳在門前乘涼。乘涼時總有一個能言善道的伯伯或媽媽在講故事，小蘿蔔頭們都圍著他津津有味地聽著。孫悟空、豬八戒之類的故事最受歡迎，王子公主、才子佳人的故事也不錯。最刺激又恐怖的就是那些鬼故事啦。有時候故事講完了，小朋友都心驚肉跳地不敢慢慢走回家，逼不得已大家只能鼓起勇氣連跑帶跳地往家裡衝，直到衝進家門才敢喘氣。所以，只要聽到一群孩子噼噼啪啪跑步回家的聲音，就知道今天講的又是鬼故事了。

4-8 家庭教育

眷村裡每戶人家的家長都是軍人，所以軍隊裡服從命令、直接了當、粗聲粗氣的作風也帶回到家裡。家長對孩子們的教育方式多數是「直接式」的。孩子表現不錯，家長雖然心裡高興，但從來不習慣當面誇獎，說幾句好聽話。小孩淘氣不聽話或是功課退步了，家長一般都是「打罵教育」。所謂「棒頭出孝子」，孩子們的小手心和屁股上挨上幾板子，完全是家常便飯。有的小孩腿上被藤條打出一條條血痕，我們還有一個好聽的名字，叫做「竹筍炒肉絲」。習慣了這種生活，小孩子挨罵就裝出很慚愧的樣子，忍耐著等待「颱風過境」。挨打時就跑，跟大人玩躲貓貓。挨打重了，就哀嚎得大聲點，期待鄰居大人過來解救。當年沒人覺得這種管教方式有什麼不對，也沒聽說哪個小孩有什麼「心理障礙」、「憂鬱症」之類的事。

我爸在投效軍旅之前曾經在老家教過小學，所以他對小學算術很精通，我功課做不出來就去問他，我爸總是有問必答，我對他非常佩服。有一次，他把一題算術解釋給我聽，然後就去公廁上廁所，留下我自己在家計算。回來後問我：「答案是多少？」我說：「兩千。」我爸說：「對！」哈，原來他蹲茅房的時候，還在幫著我計算呢。

軍人家庭雖說管教方式各家不同，但重視教育的態度卻基本一致。「讀書」似乎是眷村子弟唯一的「天職」，父母永遠在後面催促孩子們用功、用功、再用功。眷村裡有不少會讀書的孩子，長大後都成為了社會的棟樑。當然，也有不愛讀書的子弟，不過大多數家庭都至少會把孩子培養到高中以上學歷。

4-9 家庭副業

收入微薄的軍人家庭，常常入不敷出，除了省吃儉用外，還得想辦法增加收入。眷村媽媽中有些人當小學老師、護士或到軍事單位、高雄港務局當雇員，她們都是有穩定工作的幸運者。我媽在本省人為主的碼頭工會有一份收入不錯的工作，是少數中的少數。

沒有工作機會，而又勤勞、腦筋動得快的眷村媽媽們，就「自力更生」，動手做起了各種家庭副業。修改軍服、繡學號的小舖，從婦聯會包來一些針線活，洗衣店，理髮、燙髮店，賣煙酒雜貨的小店，牛肉麵攤、包子饅頭、油條燒餅舖等都應運而生，不但提供了眷區的生活所需，又開闢了家庭收入的來源。起初眷村裡的路邊小吃攤供應的不過是一些水餃、麵條和滷菜等普通的外省食物，但時間久了，就有人做出了名氣，搖身一變成為頗具特色、生意興隆的「眷村美食」。說白了，「眷村美食」使用的都是最普通的食材，但不管什麼時候去光顧它，都讓我有一種溫暖的感覺，因為每一道料理都飽藏著濃厚的「往日情懷」哩。

一大清早，天剛剛亮，村子裡就傳來帶著北方口音的悠揚叫賣聲：「包子、饅頭……」、「包子、饅頭……」騎腳踏車賣早點的老鄉已經開始忙碌了。打開門喊一聲，老鄉馬上就會騎車過來。他停下腳踏車，打開用棉被保溫的竹籃子，熱氣騰騰的手擀饅頭、花捲、大的菜包、小的肉包、豆沙包，還有三角形的甜包子等等，五毛錢一個，任你挑選。吃了早餐，眷村新的一天又開始了。

4-10 中國意識與認同

眷村子弟因為從小跟來自各省的長輩相處，對各地中國人的瞭解和耳濡目染的「中國意識」，相對也比較高。

台灣外省人從民國七十六年開始返鄉之後，大陸稱台灣來的人一律為「台胞」。其實細分一下，第一、二代外省人之間還有明顯的不同。返鄉的外省第一代懷抱著「回家」的心情而去，「少小離家老大回，鄉音未改鬢毛衰」的老人們，不論住在台灣多久，心理上永遠只是「住在台灣」的「大陸人」。我相信歷史上每一位渡海來台的第一代「唐山人」，如果他不是在台灣長大，也都不會認為自己是真正的台灣人。

「外省第二代」受了家庭影響，「中國意識」雖然很高，但我們的中國，卻只有「中華民國」。我們這群在台灣出生、長大的人，全部的記憶、感情和認同，實際上都只有一套「台灣的故事」。我們和台灣所有同代人一樣，吃台灣米、喝台灣水長大。大家讀相同的小學課本、承受同一種聯考制度的煎熬。小時候我們都喜歡看《阿三哥與大嬸婆》漫畫、半夜爬起床來看從「威廉斯波特」傳回來的世界少棒賽。我們當兵的時候一起「數饅頭」，成年後持同一種護照出國讀書、做生意、或環遊世界。外省第二代既是外來者，也是原生者，我們繼承了第一代人的鄉愁，同時也擁有「土生土長」的強烈「台灣意識」。大陸當然是我們的「老家」，而台灣才是我們心目中真正的「家鄉」哩。

從看奧運比賽時的反應上，最能看出外省第二代對「台灣」的感情和認同了。當中國隊和任何外國隊較量的時候，我們通常都會替中國隊加油。但當「中華台北（台灣）隊」出戰「中國隊」時，我們永遠只有一個立場——替中華台北隊加油！

光陰似火箭般飛逝而去，如今外省人赴台匆匆之間已經六十多年，台灣當局也早已放棄了「反攻大陸」的夢想。「外省第一代」逐漸凋零，一百五十萬「新唐山客」中的大多數已經「息了世上的勞苦」，離開了世界。就是我們這批在台灣出生、長大的外省第二代也都年華老去，開始抱孫子了。這就是說，新一波唐山客的第三代已經成年，而第四代也正在陸續出生之中。不慌不忙的時間老人正在「按部就班」地幫助台灣進行「族群融合」的工作。我想，「外省人」這三個字，也應該像拆除老舊眷村一樣，到了廢除的時候了。

衷心盼望上帝的祝福與台灣同在，讓台灣族群更融合、經濟更發達、人民更幸福。

5 左營海軍子弟小學

5-1 左營簡史

左營是台灣的一個歷史名城，也是高雄市最早開發的地區。高雄市諸多歷史古蹟，如：鳳山縣舊城、蓮池潭、春秋閣、高雄孔廟……等，都位於左營。鄭成功控制台灣後在南部建立萬年縣，清朝時期設立鳳山縣，都以原名「興隆里」的左營為縣治所在地，並且圍築城牆、屯兵戍守。日據時代，日本人又大力建設左營軍港。因此，光復後的左營成為中華民國最大和最重要的海軍基地。現在的左營擁有台灣南部最多的眷村人口，但三百年來左營一直是南台灣的軍事基地，所以我猜想左營大街上的本省居民，大部分也都是當年開創左營城軍人的後裔。廣義地看，他們也都是不同時代的眷村子弟。只是他們不知道，我們也不知道。朝代更替、年代久遠，此類事情已難考證。

左營是高雄市的一個郊區，地理上因為交通原因與市區略有區隔。左營的地形，

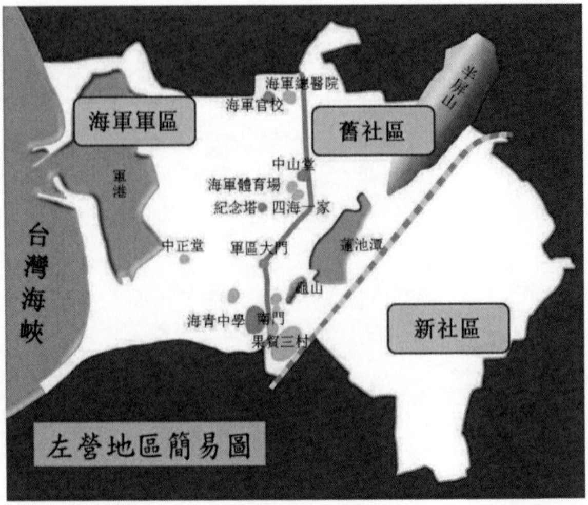

左營簡易地圖

東邊是半屏山和風景區蓮池潭，西邊是軍港和台灣海峽。中間的土地從南到北一切為二來看，左半邊是海軍軍區，東邊是商業街市和民眾的居住區。這種劃分起源於日軍建設左營軍港的行動。當初劃分軍事地區時，日本人曾經強迫區內的居民往外搬遷，以清空軍港的範圍。海軍軍區和街市以綿延數公里的圍牆以及一連串的衛兵崗哨加以區隔。從面積上看，海軍軍區比老左營居民區還要大得多。

眷村最發達的時期，左營海軍軍區內外共分佈著二十二個眷村，形成了台灣南部最大的單一軍種眷村群。二十二個眷村裡面，果貿三村是戶數最多的一個。近年來因為軍區內部的眷村陸續

左營鳳山縣南門

拆除、改建而劃出軍區。左營逐漸變成「軍事歸軍事，居民歸居民」的分隔狀態，海軍軍區的範圍縮小了不少。

5-2 果貿三村

國軍興建眷村的腳步漸漸加快，左營又興建了一批新的眷村。民國五十一年五月間，我們家從鳳山搬到了左營新建的「果貿三村」。果貿三村是個大村子，住戶百分之百來自海軍的各個單位。我們進住的是果貿第二批新房子，被稱為「新果貿」。後來果貿又建了第三、四批房子，新果貿也變成了老果貿。最後果貿總共興建了三千多戶，成為台灣南部最大的眷村。二十多年以後，人們對眷村有了新的想法，果貿三村由於地塊完整，又位於軍區外面容易管理，所以成為第一批眷村拆除改建的對象，於民國七十四年改建為國民住宅，新名稱為「果貿社區」。

我們的新家按面積來看，比以前大了三分之一，因為同樣的面積，以前在鳳山住了十家人，現在只有六家。新家前後都有院子，前院圍牆採用的是磚頭和花磚，脫離了「竹籬笆」時代。我們這排房子六家人，連同對面六家，面對面一共十二戶人家，家長清一色是海軍陸戰隊上校，彼此之間原來就是同僚袍澤。十二戶人家從四面八方陸續搬進來以後，大人小孩每天抬頭不見低頭見，很快就形成了比同村人更緊密的生活關係。十二戶人家中，隔壁駱家不但是我們鳳山的老鄰居，而且兩家人同姓駱，心理上更顯得親切。

5-3 海軍子弟小學

我和我弟弟在搬家後的第二天轉學到了新的學校。這次轉學情況有點特殊，我倆沒有轉入同一間小學。我轉學進海軍子弟小學五年級，仁華弟轉進中山國小三年級。因為小學生增加得太快了，所以高雄市教育局新近專門為果貿三村創辦了「中山國小」，不過他們的校舍還沒蓋好，所有學生都暫時借用明德國小教室上課。上學、放學由海軍派車接送。

左營海軍子弟讀書的小學，主要是海軍子弟學校、明德、中山這三所小學。其中以海軍子弟學校（也叫海總附小）成立最久、校園最漂亮、教師陣容最堅強、升學率最高、最受重視、也最神氣，是左營地區的明星學校。這幾年左營眷村的規模迅速擴大，所有新搬來的小學生都想轉進子弟學校就讀。可惜子弟學校已經人滿為患，不輕易接受新學生。早在我們搬家以前，我爸就託了一位將軍級人物跟學校打電話，希望把我們兄弟都轉進子弟學校。得到的答覆是，一次收兩個是不可能的，為了給將軍面子，可以考慮先收一個學生。我爸想我明年就要考初中了，所以先把我轉進了子弟小學，弟弟以後再想辦法。

第一天放學的時候，我被小朋友帶到果貿的放學路隊，跟同村的小孩一起回家。小朋友發現了新同學，同年級的小男生都來問你叫什麼名字？是哪一班的？從哪裡來？那些專屬兒童的問題。我們邊聊邊回家，我也好奇地東張西望，打量新的環境。

突然，隊伍裡有一個小朋友問我：「喂！你是『講』進來的吧？」

搬家前我爸託人情把我「講」進了子弟小學，本來是我藏在心裡的一個秘密，想不到第一天放學就被揭穿了。我沒講話，心想真是沒面子。

沒料到，這傢伙接著又說：「我也是哎！」我還沒來得及跟他生氣，就被他逗笑了。難道他不知道託人情講面子進子弟學校，是一件不很體面的事情嗎？真叫人哭笑不得。話說「人算不如天算」，初中二年級時，我和這位叫王亞雄的仁兄被編到了同一班，竟然成為終身的好朋友。

5-4 唱著軍歌上學

到子弟學校沒多久，我發現學校附近的眷村如崇實、自助、東自助、勵志、果貿等村子，小朋友都走路上學。而每天我上學時，又總會碰到好多海軍車輛停在校門口，那是接送離學校比較遠的自治、自立、合群、建業、明德等幾個眷村小學生的專車。海軍這種優待只限於小學生，初中部海青中學的學生沒有份，他們都騎腳踏車上學。接送小學生是十多分鐘的「軍區內部」運輸，所使用的車輛比往來於高雄、鳳山之間的大巴士差了一截，通常是兩節式沒有座位的拖車，外號「扁頭栗子」。小孩子每天都快樂地唱著「軍歌」上學，到了學校似乎還意猶未盡，一邊下車還一邊直著嗓子高歌著。子弟學校的前輩，名人「趙茶房」趙寧博士，也在他的著作中提起過關於軍歌的往事。

說起軍歌，左營每個小朋友至少都會唱一首「海軍軍歌」，因為每次到中山堂看電影，唱完國歌，必定會放一部海軍軍歌的影片，沒有誰不會唱的。

5-5 美軍

初到左營，最新鮮的事是每天上學、放學都會看到美國人。海軍當局為左營美軍設置的活動場所至少有美軍顧問團、海軍高爾夫球場、美軍住宅區、美軍招待所、美軍福利社（ＰＸ）等地方。子弟學校大門正對面就是美軍福利社和一個附設的游泳池。美軍福利社ＰＸ是一個專門販售美國家常用品的地方。洋煙、洋酒、可口可樂、巧克力和咖啡等，一般街上買不到的美國貨都有。美軍貨品不用交稅，都是從美國直接空運過來的。小孩子對福利社沒什麼興趣，更吸引人的是游泳池，我們老遠就看得到泳池裡蔚藍的池水和喧譁戲水的美國大人、小孩。我們每天放學，一出校門就能看到這幅美麗的圖畫，卻誰也沒進去過，因為把守這個地方的不是普通士兵，而是看起來更凶悍威武的「憲兵」。

美軍福利社隔壁的單位是海軍育幼院，路隊裡有幾個小朋友住在裡面。再往前走幾步是一個圓環，圓環中間有一個城門，是清代鳳山縣舊城的正門，叫「啟文門」或「南門」，果貿三村就建在南門的外邊。環境熟悉以後，我常會和小朋友們跑到城門上面流連一會。早晨上學，如果出門比較早，會碰到跑步訓練的「蛙人」。蛙人正式的名字是「海軍水中爆破隊」，他們由班長帶隊，十個精壯的小夥子裸著上身，用頭頂著一個大橡皮艇，跟著哨音、唱著軍歌，一路從軍區大門那邊跑步過來。跑到南門繞一圈，再往回跑進軍區內的營房。爆破隊的一個隊長就住在果貿我家附近，孩子都兩個了，還喜歡光著古銅色的上身，露出一身肌肉。他頭戴軍帽、腳穿「拉風」的長筒白色帆布靴，屁股翹得老高地蹬著一輛後輪蓋上漆著「U.D.T.」三個醒目字母的腳踏車在村內慢悠悠地展示身材，看起來挺「騷包」的。（注：U.D.T.是水中爆破隊的英文縮寫）

到了城門邊我們回家有兩條路線，一條是從果貿三村大門，經過聯勤美軍招待所走回去，路稍微長一點。另一條小路是從育幼院左轉，沿著左營舊城牆、護城小河和美軍招待所背面的小路走一段，再跨過小橋回到村裡。我通常上學的時候走大路，放學的時候走小路。因為放學時多數小朋友都走小路，我就跟著大家邊走邊聊天地回家。

不管走那一條路，總能碰到一兩個來回於「美軍ＰＸ」和「美軍招待所」之間的老美，有時候是美國大兵，有時候是美軍眷屬。開始時感到很新奇，不曉得他們用「藍眼睛」看東西，會不會看得跟我們不一樣。後來每天都遇到老美就習慣了，通常是大家各走各路，互不理睬。

5-6 洗皮鞋

我媽的生活作息奉行「早睡早起」主義，她每天早上五點就起來忙家務了。多年來她常講的一句格言是：「早起三光，晚起三慌。」受她影響，我通常很早上學，有時候六點不到就已經出門。走在路上時，馬路排水溝對面的草地上還滿是露水。

有一天心血來潮，我想如果從草地上走過去，草叢上露水這麼多，不是剛好可以幫我洗洗皮鞋嗎？有道理！想到就做，於是我跨過水溝走進圍牆邊上狹長的草叢，走路時還儘量把腳伸進濕濕的露水裡。才不過走了十幾步，我就發現有點不對勁，鞋子上好像沾了些什麼東西。低頭一看，哇！不得了，兩隻鞋子都塗滿了又黏又臭的「狗屎」！誰曉得愈是茂盛的草叢，狗屎愈多。我趕緊跳回柏油馬路上，想把鞋子上的髒東西弄掉。鞋底踩到的狗屎還好清理，只要在泥巴地上多搓幾下就好了。問題是鞋幫子和襪子上黏的狗屎，卻非要「親手」去擦，才能擦得掉。我無限狼狽地快步走進學校，跑到洗手台，脫了鞋襪好好洗了一陣子才算乾淨。一整天我都覺得兩手臭臭的，特別噁心。

5-7 新聞電影

二十世紀六〇年代，有一種用電影來報導新聞的方式，可能生長在電視時代的人就不熟悉了。在電視出現以前，除了報紙和廣播之外，當時這種用拍電影方式拍攝的新聞片，都像電影預告片一樣，在電影正片之前放映。一般情形下，我很討厭看新聞電影，因為它耽誤不少時間，讓我們等很久才看得到正片。不過，有一部新聞電影，卻讓我看了以後，感動得一輩子都沒有忘記。

民國五十一年大陸鬧飢荒，五月間發生了一次大批廣東饑民湧往香港的事件，許多報刊和雜誌都爭相報導，通稱「五月難民潮」。難民潮開始的時候，美國、英國人還當做政治問題而大作宣傳，但沒有幾天就變成了嚴重的社會資源問題，蜂擁而至的饑民讓香港政府倍感壓力。很快地，香港英國殖民地政府宣佈他們無法繼續承受難民的需要，決定從某一天開始，集中抓捕大陸難民，抓到以後請他們吃一頓飯，飯後全數遣返大陸。有次我看電影，正好看到英軍將難民集中後，用軍車將他們遣返大陸的新聞影片。影片中的畫面，就是我這個十一歲的小孩看了也難以忘懷。一整列英軍卡車行駛在馬路中間，馬路兩旁站滿了香港市民，當汽車經過時，他們紛紛由車後面向車蓬內丟小包的食物。車子一直往前開，後面也一直有人向車內投擲食物。香港人都是廣東人，他們不願意看到老鄉們被送回大陸繼續捱餓，只能用這種令人鼻酸的方式聊表心意了。

還有一部我記得很清楚的新聞影片，是十四歲我看電影時，遇到好幾次的新聞電影。這段新聞帶給我的印象不是感動，而是迷惑、不了解。新聞的主要畫面是四個彈吉他的英國歌手在台上演唱，台下圍滿了跟我差不多年齡的英國少男少女。他們不是乖乖坐著聽演唱，而是高舉著雙手站在在那裡，瘋狂地揮手、吶喊。台上的人唱得愈投入，台下的人就愈激動，好多女生捂著臉痛哭，甚至還有人暈倒在地。當年我們台灣人看表演，看到好節目時最多是大聲拍手叫好，從來沒有這種瘋狂的場面，實在讓我搞不懂這些外國人怎麼會如此瘋狂，大喊大叫之下還能聽得到演唱嗎？

原來我看到的影片正是披頭四樂隊（The Beatles）成名時所引發的轟動效應。當年英國上至皇室宗族，下至黎民百姓無不被披頭士樂隊的音樂所吸引，無論男女歌迷都為之傾倒。據了解，披頭四樂隊從那時起，對流行音樂造成革命性的影響，直接埋葬了前一個時期「貓王」普利斯萊（Elvis Presley）的王朝，並統治了美國唱片市場，開創了全球流行音樂一個嶄新的時代。

5-8 補考珠算

剛到子弟學校，誰也不認識，過得很不開心，功課也退步了。這學校有一科叫「珠算」，就是打算盤，我在鳳山根本沒學過。結果考試的時候，全班只有我一個人不及格。五年級下學期沒有幾天就結束了，領成績單的時候，我接到通知要在暑假裡回學校補考珠算。那天我到學校去，還碰到另外一個學生，我猜他可能也是來補考的。她是個女生，所以我沒跟她講話。

值班老師問我說：「你來學校幹什麼？」我說我要補考珠算。老師很驚訝，說：「怎麼，珠算還補考啊？」聽他的口氣好像我自己要來補考似的。

接著他翻了翻文件，好像沒找到考卷，就跟我說：「算了，你回去吧！算你免試升六年級了。」

就這樣，我人生第一次補考，就在老師不經意的「遺忘」中莫名其妙地無疾而終。前一天剛好下過大雨，校園裡桂圓樹上的桂圓被打落了一地，我在空無一人的校園裡痛痛快快地撿了滿滿一書包桂圓，傻小子開開心心地吃著回家了。

5-9 果貿水災

暑假裡刮了一次颱風，雨下得很大，半夜裡爸媽把我們叫醒，說：「進水了，快起來搬東西！」我和老弟趕緊起來把東西往桌上搬。水勢漸漸上漲，我們七手八腳折騰了半個晚上。天亮時，我們家已經泡在七、八十公分的水裡了。不知道誰家爸爸打電話出去求救，天剛亮，來了兩部陸戰隊的水陸兩用大卡車。這種卡車的排氣管在車頂上，可以涉水而過。卡車是來接我們兩排房子的人到「海軍陸戰隊學校」去避難的。商量結果，爸爸和夏伯伯等幾位長輩留在家掌握情況，其餘人都上車到陸戰隊學校去暫避。

「發大水」對小朋友來說，根本不算什麼災害。到了陸戰隊學校，他們騰出一些營房給我們休息，還做飯給我們吃。我們這一大群鄰居，就像是集體郊遊一樣，大人們爸爸一群、媽媽一堆，天南地北地聊天。小孩子下象棋、打撲克，在校園裡亂跑。陸戰隊學校平常都有衛兵把守，我們小孩子想混進來玩，還要看衛兵的臉色。衛兵心情好的時候，打個招呼就進去了。心情不好的時候會盤查半天，講不出「正當理由」，光說想進來打球，他不一定會讓你進去。現在我們以「難民」身份借住，軍人對我們都笑嘻嘻地，根本沒人管我們。校園裡有一棵結實累累的橄欖樹被颱風吹倒了，小朋友都爬上去摘橄欖，每個人口袋都裝得鼓鼓的。台灣橄欖樹不多見，這下子我們可痛快了，只要你不嫌青橄欖太澀口，隨便你吃多少。

下午我們接到消息說水退了，剛好我們也玩夠了，於是一大群人又坐上了大卡車回家。回家後聽爸爸說，一邊退水他們一邊刷地，水退了地也刷乾淨了。以前有人說過，果貿的房子是左營眷村裡最乾淨的，因為「每年都要洗一次房子」。經過這次淹水，我們總算知道這話的真正意思了。其實這次颱風別的地方都沒有淹水，果貿因為地勢低，而又鄰近集水區蓮池潭，才不幸被水淹。

對面房子左邊第一家是馬伯伯家，馬家的圍牆只有半人高，鄰居媽媽們吃了晚飯沒事，常聚在馬家磚牆內外聊天。水災後的某一晚，媽媽們一如往常地聚集在一塊話家常。不知道誰得到消息說，海軍總部已經決定要發救助金給這次水災的受災戶，不過靠大馬路的前三排房子沒有，因為這三排房子損失較輕。我們家剛好在第三排，論損失也是不大不小。媽媽們熱心地議論著，慢慢醞釀了一股不平的氣氛，認為大家都是受災戶，不應該差別待遇，決定一起到村長家去抗議。說走就走，我媽帶頭領著娘子軍向村長家出發，一路上還召集了更多前三排房子的婦女們，浩浩蕩蕩，形成了一支幾十人的隊伍。村長一看婦女們來勢洶洶，趕緊出來接待。他聽明白大家七嘴八舌的意見以後，表示他家就住第一排，本身也是受災戶，一定幫大家爭取合理的救助金。不久，海軍總部的救助款發下來，計算方式是按人口數發放，受災戶一律有份。我們所經歷的第一次「上街活動」，就這樣圓滿地落幕。

幾個月以後，軍方派工兵改善了排水系統，果貿從此再也沒有遭遇水患了。

5-10 六年五班

暑假結束，六年級開學了。開學第一天學校重新編班，各班導師一一點名，點到名的就跟他去新教室。六年級一共六個班，我被編到六年五班。等點名的時候，從一班到五班等了半天，還以為他們把我給漏了呢。導師是一個很文雅的馬老師，他教算數。到了六年五班，又多認識了許多不同眷村的同學，擴大了我眷村交友範圍。

六年級因為要開始準備明年的升學考試，學校生活明顯的緊張起來。除了剛開學那幾天，接下來每天都有考試。國語、算術每天至少考一次。國語有兩種考試，一種是按照課文進度的考試，另一種是閱讀測驗。對我來說，閱讀測驗最輕鬆，看幾則小故事，然後每則故事後面回答五個選擇題，一點困難也沒有。每次考試最多錯兩三題，十次考試中間最少有三次考一百分。

子弟學校教學很認真，學校沿襲山東帶來的老規矩，每天上課以前都有一個小時的早讀時間，全班拿起書本來大聲念，哇啦哇啦的「朗朗書聲」壓過了蟲鳴鳥叫。

打板子

另外，還有一個人人避之唯恐不及的老規矩，就是「打板子」。每次發考卷都有人挨板子，少的時候十個、八個人，多的時候，差不多全班都挨打。六年級以後，我漸漸適應左營生活，成績進步不少，屬於挨打比較少的學生。不過，在根深蒂固的「打你是為你好」的觀念下，小朋友三不五時挨上幾板子好像是天經地義的事。每個人是否「該打」，標準並不一樣。應該考七十、八十、或九十分的人，如果達不到標準就得挨手心。任何情況老師覺得需要督促你一下，也會給你幾板子，沒什麼可商量的。每天下午發考卷時，六年級各班打板子的聲音：「啪、啪、啪、啪！」此起彼落，校園頓時變成了小刑場。

我們班天天見面的兩位老師，是導師馬卓聖和教國語的李紀芳老師。他們對小孩子都不錯，是六年級老師裡面打板子比較少的溫和派。兩位山東老光棍也都各自有他們幽默、人性的一面。

有一次當全班都在專心寫習題的時候，李老師在教室中度方步。不一會，他突然指著地上說：「咦？這是誰掉的五塊錢？」

旁邊兩個小孩不疑有他，都立即轉過身來看地上，李老師竟說：「哈！看看你們這兩個小財迷。」原來地上沒有錢，他不過是逗小孩玩的。

另一次他上課時突然問道：「不知道鼻涕是什麼味道的哦？」

我就坐在李老師面前，他微笑地直直看著我，似乎在鼓勵我回答他。一時嘴快，我就說：「是鹹的啊。」

李老師接著說：「哦！我曉得了，你一定常吃鼻涕吧，不然怎麼會知道呢？」全班一陣大笑，只有我沒笑。頭上像漫畫書畫的那樣，升起了一小片烏雲。

馬老師是另一種作風。一年裡面他曾經兩次叫班長去福利社扛回來兩桶冰棒，發給大家一人一支。他還做了一次大動作，星期六下午叫我們不上課，自掏腰包帶我們全班去中山堂看了一場電影。中山堂是我們常去的地方，但全班一起去還是第一次，滋味特別舒暢，別班小朋友都羨慕不已。

不過，在「不打不成器」的教育習慣下，兩位老師也認為「打板子」不過是催促孩子們用功讀書的正常手段。長大以後漸漸瞭解，東西方有兩種根本不同的教育思想，東方人認為孩子成績不好，原因是「不夠努力」，所以打一打也許有效。而西方人認為學習效果不佳，基本上是「能力不夠」，就是打小孩也沒有用。我想這兩種說法都有道理，也許「因材施教」才是上策吧？

5-11 軍用電話

我們家那時有一部軍用電話，是一個長方形的盒子，體積像一個禮盒那麼大，裡面有兩個很重的大電池。整個話機放在一個草綠色帆布袋裡面，帆布袋附有背帶，便於攜帶。當然電話還有話筒和搖桿，打電話時只要拿起搖柄一直搖就行了，不久電話那頭就會傳來總機的聲音：「四川？」（總機的代號）於是你回答：「四川，請接廣東……」，廣東台如果接通了，就跟廣東台總機說請接多少號，電話就接通了。六年級的時候，我們幾個小朋友發現彼此家裡都有軍用電話，就試著用打電話來互通消息，不過彼此天天見面實在沒有什麼要緊的事，頂多星期天用來核對一下家庭作業的算數答案。

5-12 海軍運動會

在左營，眷村孩子每年都會多得一天假期，因為我們有一個特殊的節日，學校不用上課，那就是「海軍運動會」。

海軍每年都會舉行一次規模不小的運動會，中心地點就在左營軍區的海軍體育場。這是一次正式的運動會，比賽項目繁多。海軍每個重要單位如總部、官校、士校、艦隊、供應司令部、陸戰隊等都會派人參加。其中陸戰隊是一支最龐大的隊伍，似乎每年奪得獎牌的人也最多。

海軍運動會照例由海軍總司令主持，開幕式之後，先進行各種團體表演。表演節目通常是由代表海軍下一代的小學生開始。六年級時躬逢其盛，我也參加了代表子弟學校的大會舞表演。小學生表演最早只有海軍子弟學校，後來明德國小、中山國小都參加表演。過了幾年，遠在鳳山的中正國小也率隊來熱鬧一番。既然不止一隊參加，於是小學生表演也變成了比賽項目。比賽歸比賽，比賽結果似乎永遠是子弟學校得第一，原因不在於我們表演得有多好，而在於我們擁有「海軍子弟」的金字招牌，長官們打分數總不免有一點偏袒。在我看來，明德國小的老師們不斷力爭上游，表演節目愈來愈棒。子弟學校面對激烈的競爭，甚至還出動了初中部鼓隊來進行不太公平的競爭。

除了小學生表演，少不了的還有蛙人操和官校鼓號樂隊、陸戰隊儀隊的表演。軍人的表演賽好像海軍官校也是老拿第一。

每次看到海軍官校鼓號樂隊一出場，都讓我們非常興奮。在我們那幫小朋友眼睛裡，黑色上身、金色釦子和白帽子、白長褲、白皮鞋的官校學生特別挺拔漂亮。鼓號樂隊的每一個人都氣宇昂揚、英姿勃發。尤其是進行分列式表演時，軍號嘹亮，鼓手們戴著黑色皮手套在空中旋轉鼓槌的花式動作，簡直「帥呆了」。

經過一個上午的表演節目，比賽正式開始。各單位健兒們跑、跳、擲分頭競技，擴音器不斷播出：「大會報告……，大會報告……」五顏六色的軍旗、彩旗飄揚，萬頭鑽動。加油聲、鑼鼓聲、掌聲此起彼落，熱鬧非凡。

我們雖然放了一天假，但運動會還沒結束，所以每天放學後我們

海軍官校鼓號樂隊

又騎腳踏車趕去體育場附近看各種比賽。海軍曾經出過一個「亞洲拳王」張羅普，所以特別重視拳擊賽，我們都圍在籃球場中間搭起來的臨時拳擊台邊觀戰，看是不是會有新的拳王誕生。

初中畢業以前，我和同學們每年都結伴去看各項比賽，不知不覺間我們也一天天長大了。

5-13 炮彈筒熱水器

早期眷村都蓋得比較簡陋，顧得上擋風遮雨和吃飯、睡覺就可以了，洗澡、上廁所等生活事項，另外設法解決。

暑假水災之後，我爸的「豐功偉業」之一，就是找了幾個工兵在廚房邊上加蓋了一個包括洗臉台、抽水馬桶和浴缸的整套衛生設備，是附近幾家最高級的設施。這套設備還有一個附件，是在後院自挖自製的「化糞池」。我爸跟我解說化糞池的結構，說糞便經過了這個化糞池就會變成清水流出去，我覺得有點不可思議。我爸還告誡我們兄弟，說我們家的化糞池過濾能力有限，所以絕對不可以把雜物丟進抽水馬桶裡，否則化糞池很快就會被堵塞。我謹遵教導不敢造次，一次不小心掉了幾顆玻璃彈珠進去，還緊張的觀察了幾天，後來發現馬桶沒有什麼異樣，這才放了心。

家裡有了廁所和浴室，生活大為改善，我們再也不用上公共廁所和使用痰盂了。不過還有一點美中不足之處，你猜是什麼？對了，就是沒有熱水。

我爸再接再勵，不久又有新突破。他在部隊裡找回來一個美軍進口的鋼製炮彈箱，略加改造，就把熱水問題「基本上」解決了。這個長方形的炮彈箱，長寬各約二十五公分，高約七十公分。下面有腳座，上面還有一個沉重的蓋子。拆除箱內固定炮彈用的支架後，就變成了一個非常堅固的水箱，大約可以裝進兩桶半水。我爸在砲彈箱下方做了些加工，他在箱子前面裝了個水龍頭，後面鑽了兩個小洞，鎖上電熱管，再把炮彈箱架在浴缸邊上。「理想狀態」下，我們只要倒進兩桶水再插上電源，就可以燒熱水洗澡嘍！

炮彈箱熱水器

不過，我們的克難熱水器還是存在一點「小問題」。

我爸想儘量把水箱裡的水放光，所以水龍頭裝低了些。同時，他又怕電熱管碰到箱底引起不良反應，又把電熱管裝高了些。因此最後的成品是：電熱管的位置高過了出水口約兩公分。使用時如果水放光了，電熱管就會曝露在空氣中「乾燒」，乾燒幾分鐘後，電熱管就爆炸損壞了。

剛開始的時候，我們還沒有學會使用這個熱水器的訣竅，一連燒壞了好幾個電熱管。老爸每次從部隊回來，都要到電器行去買個新的電熱管回來修理，修理完了還要再向我們宣導一次熱水器的「正確」使用方法。

其實養成了習慣，熱水器再也沒有出過什麼問題，我們都覺得這個「美國箱子」還是滿好用的。洗澡前先接兩桶水倒進去，然後蓋上蓋子，插上電插頭，過個十分鐘左右去摸摸炮彈箱，如果箱子是熱的，表示水差不多可以用了。接下來最重要的動作，就是一定要把電插頭拔了，才可以放心洗澡。我們家的熱水器因為儲水多，可以先放半桶熱水，洗了一會覺得浴缸水涼了，再把剩下來的熱水放出來就行了。

我爸有個同學郭伯伯，是他大陸時期的拜把兄弟。郭伯伯平時在台北工作，難得到高雄來。有一次，郭伯伯利用出差的機會到我家住一晚，和我爸小聚。客從遠方來，不亦樂乎？全家熱情接待自不在話下。睡覺前，我們幫郭伯伯接水、燒水，想讓他洗個舒服的熱水澡。不料，誰都沒注意到郭伯伯沒有接受過操作訓練，不曉得洗澡前還有「拔掉電源」這一招。郭伯伯洗著、洗著冷不防頭頂上「碰！」的一聲爆炸，嚇了他一大跳。郭伯伯一躍而起，幾乎就要奪門而出，驚慌失措地在裡面大叫：「怎麼了？怎麼了？出了什麼事？」

「沒出什麼事！熱水器被你弄壞了，要你賠！」我爸和我媽都在浴室外笑彎了腰。

5-14 防鼠刺蝟

每到過年的時候，思鄉的外省人想吃一些家鄉口味，沒地方、也沒多餘的錢去買，眷村的媽媽們都得自己動手做臘味。我媽跟人家學會了灌香腸和醃臘肉以後，我們家到了冬天，也掛起了晾香腸和臘肉的竹竿。不過，想要保護竹竿上的食物卻不容易。貓、老鼠和鄰家小朋友都是隨時的威脅。我家沒有鄰居的威脅，但天花板上的小老鼠卻能順著繩索爬下竹竿，偷吃我們的香腸。我爸為了解決這個問題，找了兩個鋁罐子，在罐子的底面用小刀劃穿一些放射狀的線條，再一一把它們拉開，就把罐子改造成了一個多刺的防衛器。竹竿兩頭一邊掛一個，老鼠就爬不過來了。後來王亞雄第一次到我家來玩，注意到我家保護臘肉的特殊裝置，還連聲說你爸真厲害。

民國七十五年第一次到美國，去聖地牙哥海洋世界看海豚表演，我發現老美在每個大型表演場地的外面都設有露天的巨型戶外音箱，而每一個音箱的頂部都安裝了滿滿的尖頭朝外的釘子，不知是幹什麼用的？問了問旁邊的老美，才曉得釘子的作用是防止海鷗停在音響上拉屎。聽了這話，立刻使我想起小時候我爸在果貿發明的「防鼠刺蝟」，天下之大，還真是「無獨有偶」呢！

5-15 新年即景

過年，是眷村生活的一大特色，更是小孩子期待已久的美好時光。以前在鳳山時，過年就很熱鬧了，到了左營似乎更加開心。過年時應用的東西，像大人小孩的新衣、新鞋，臘肉、香腸、春聯和鞭炮等，早已準備多時，家家戶戶只等著除夕的到來。

除夕夜吃年夜飯以前，我家有一個固定的祭祖儀式。祭祖時我爸通常是講解祭祖儀式的道理，而我媽又總是喃喃自語地跟大陸親人說話。我相信這也是所有眷村家庭裡幾十年共同的場景。

除夕夜最重要的節目是吃年夜飯，面對一整桌熱騰騰的豐盛年菜，一家大小連同被邀約來過年的單身客人，大家互道「恭喜」後開動，一邊給別人夾菜，一邊講說年菜的吉祥含義。年菜樣樣都可以吃，唯獨不能對那條整魚動筷子，因為那是「年年有餘（魚）」的代表，要留到明年（明天，大年初一）才能吃。

「每逢佳節倍思親」，大人們酒過三巡，一股每年都要來襲的濃濃思鄉情緒又浮上了爸媽心頭。我媽總在此時會講起當年如果帶兩個弟弟來台灣，不論如何都能有口飯吃的話題。「老家不知道怎麼樣了？」是一個每年都會被問到，但永遠沒有答案的老問題。遇到了大陸那邊鬧飢荒或政治運動的年頭，大人們一邊喝著老酒，一邊還會傷感地掉淚。

擦一擦眼角、嘆一口氣，定一定神再收起鄉愁。不管怎麼樣，一家大小還是要高高興興地過年。

吃完年夜飯，小孩眼巴巴地等著領「壓歲錢」，拿到了壓歲錢就去買糖果、鞭炮、玩具槍或是賭十點半。大人們發了壓歲錢，也都帶著酒意相約上了麻將桌。

果貿三村有一個習慣，就是除夕夜十二點一到，各家各戶都點燃起長串的鞭炮，這叫「開門炮」。開門炮劈劈啪啪一響，新的一年就轟轟烈烈地開始了。這個習慣一直保持到果貿改建為國民住宅以後也沒變，點燃的鞭炮從高樓凌空而下，爆炸聲擠在兩棟樓中間，真的是驚天動地。聽說子夜時分，左營軍港內的大小軍艦也同時鳴起汽笛，歡迎新年的到來。

大年初一，吃了早飯人們就開始活動。村頭村尾、滿街滿巷都是拜年的人。生人、熟人一見面就是雙手抱拳，來個：「恭喜！恭喜！」，每個人都是笑瞇瞇地。小孩子老早就被提醒了，見了長輩要說「新年好」，今天萬萬不可以調皮，否則捱了罵，一整年都會捱罵。大年初一不能掃地，一地的鞭炮屑必須年初三以後才能掃，否則金元寶就被掃出去了。真有意思，軍人明明發不了財，還有那麼多禁忌。

總是在大年初二下午吧，村頭響起了咚咚鏘鏘的鑼鼓聲，海軍或陸戰隊拜年的遊行隊伍來了。舞龍、舞獅的隊伍走在前面，走旱船、鷸蚌相爭、八仙過海、梁山伯與祝英台、西遊記、三國演義裡的人物，踩著高蹺走在後面。老兵們臉上抹著紅通通的胭脂，有的人男扮女裝，還扭著屁股，一個勁地跟觀眾們拋媚眼。觀眾常常會報以熱烈的掌聲，也有頑皮的小孩朝他們扔鞭炮，他們假裝被嚇得吱吱叫，惹來陣陣歡笑。時而看到遊行隊伍裡有人遇到了自己的朋友，老遠跟他拱手拜年：「劉隊長，恭喜呀！」讓人覺得表演的都是相識的人，所以特別親切。鑼鼓喧天的遊行隊伍巡迴各眷村拜年，每到一處都受到毫無保留的歡迎，三五成群的「小小孩」一邊跟著隊伍跑，嘴裡還一邊興奮地哇哇亂叫。

過年時還有難得開放的小孩賭局，光用撲克牌就可以玩好幾種花樣。最斯文的是父母和兒女間的賭局，小孩輸了爸媽還會把錢退還給孩子，是純遊戲性質的娛樂節目。小小孩參加的賭局金額都很小，一毛兩毛，總輸贏不超過一塊錢，屬於文明賭局。再往上就是競爭激烈的男生賭局啦！每次下注可達三、五塊錢，牽涉到三十元以上的輸贏哩！

隔壁駱家老三是個男生，在鳳山認識他的時候他才兩歲剛剛會走路，可以算是我們家的半個弟弟。他八歲那年過年，夾在仁華那一年齡組聚賭，其實他還稍嫌小了一點，不太夠格。那次老三輸得見了底，一個人躲在旁邊難受，眼淚在眼眶裡打轉。我和老弟看了不忍心，一人塞給他五塊錢，算是雪中送炭。誰叫我們都姓「駱」呢！

老三後來繼我老弟之後，也讀國防醫學院當了醫生，我老想把他小時候的故事告訴他女兒，可惜沒有好機會。

5-16 亞洲影后歸亞蕾

小學生有一種神祕的消息管道，很多事情不需要去打聽，莫名其妙地就自然知道了。有關大明星亞洲影后歸亞蕾成名前的故事就是這樣。一天晚上，消息傳來，老牌電影明星「王引」正在我們村裡做客，他要提拔一位叫「歸亞蕾」的大女生，帶她去台北拍電影。歸亞蕾的爸爸名叫「歸來」，是左營軍中廣播電台的台長。他們家大門上有一個刻著「歸來」兩個字的名牌，我常從他們家門口走過。

得到消息後，幾個小孩趕去湊熱鬧，只見他們家圍牆上已經爬滿了不得其門而入的小孩子。擠來擠去，不久我也混上了牆頭。從牆上看進去，果然看到了王引先生正在跟主人家聊天，聊些什麼卻聽不清楚。我在牆頭上蹲不了幾分鐘就該下來了，因為後面還有許多小朋友在排隊呢！

幾十年過去了，歸亞蕾從少女時期開始演電影，成名了，也慢慢變老了。二〇〇八年八月的某一天，在美國洛杉磯的中餐廳巧遇她也在這裡用餐，我們同桌的朋友很興奮地要求跟她合影，我趁機跟她講起果貿三村的一些事情，她也高興地連說：「對呀，對呀。」

5-17 歌星康弘

歸亞蕾進入演藝界後大約四年，果貿又出了一位歌星「康弘」。說起康弘，還夾雜著一些與那個時代有關的商業故事。

當年台灣社會，有一種江湖賣藝的組合，巡迴（流浪）各地演出，偶爾也到眷村來，我們叫它「小猴子玩把戲」。這種跑江湖的小團體有一、兩個賣藝的人，攜帶著數目不一的樂器、猴子、狗，甚至還有會講話的鸚鵡。他們選好一個稍微寬敞的空地，接上電燈、擺開道具就開始表演，跟家喻戶曉的法國兒童勵志故事書《苦兒流浪記》所寫的場面簡直一模一樣。不消說，只要「小猴子玩把戲」一出現，附近的小孩子必然駐足圍觀，不過小孩子口袋裡沒有錢，賣藝人只能期望為數不多的大人觀眾給些賞錢。慢慢地，「小猴子玩把戲」的形式有些變化，他們開始賣一些成藥、洗衣粉等商品來增加收入，這是我所經歷過的最原始「商品展示」活動。

時代的腳步繼續往前，台灣社會最後一批「小猴子玩把戲」的演出慢慢不見了，比較正式的商業活動開始登場。

上初中的時候，村裡來了一群人，辦起了新式的襯衫銷售晚會。他們在菜市場平常放露天電影的地方搭了一個舞台，架起燈光和擴音器，在舞台上唱歌、跳舞，宣傳他們的「天鵝牌」襯衫，還以折扣價格當場銷售。熱鬧了一陣子以後，晚會主持人開始邀請觀眾上台唱歌。開始時沒人敢上台，主持人一再鼓吹，說唱得好可以送襯衫。一陣猶豫後，我家後面的李大毛忽然躍上了舞台，在那裡嘰裡呱啦地亂唱了一通。結果一發不可收拾，連續好幾個人都要上台去唱。主持人一看達到了效果，趕緊出招，宣佈說一定要大家都說「唱得好」的才能送襯衫，結果剛剛上台的人又說「不唱了，不唱了！」紛紛往台下跳。青少年們鬧來鬧去之間，有個住在老果貿，叫「卜台福」的高中小夥子上台接過了麥克風，在全村人面前不急不徐、有板有眼地唱了一首流行歌曲「阿蘭娜」。卜台福歌聲嘹亮、台風穩健，迎來了大大的掌聲。主持人打鐵趁熱，不但送了他一件襯衫，還乘機又賣出了幾件。這位卜台福就是後來紅遍寶島的歌星「康弘」。算算年紀，他在果貿公開亮相的時候才只有十七歲。

5-18 爬山

星期天下午，我們兩排房子陳家、朱家、夏家和我們兄弟，七、八個男孩常到桃子園去爬山。桃子園是子弟學校、勵志新村、壽山山腳直到海邊的通稱。我們爬的山是高雄壽山靠左營這邊最後的一小段，也叫「柴山」。這一小段山頭的頂部有一個新近完工的儲水庫，是附近軍民，包括果貿三村飲水的來源。爬山的時候，我們沒有一定的路線，有時候我們到了山腳就直接往上爬，這種爬法比較困難，但比較好玩，必需手腳並用，摸索著石頭縫和踏腳石頭，一步一步往上，不小心滑下來幾步，還會弄得一身泥巴。另一種方式是找一條現成的山路，沿路上山。山頭上有一座規模不小的日軍建的，已經廢棄的舊碉堡，我們在裡面鑽來鑽去，想找到一點特別的東西。不過，除了黏上一頭蜘蛛網以外，我們什麼也沒找到過。翻過山頭都是軍事管制區域，有鐵絲網圍著，我們就此止步。沿著山頂小路，我們通常再走一段路才下山。

有一次我們在水庫頂上朝山腳丟石頭，看誰丟得遠。突然我們發現左邊叢林中有我們村另外一群小朋友也正在往上爬。不知道誰先向他們方向丟了一塊石頭，緊接著所有的石頭都朝他們飛了過去，一陣石雨之後，突然傳來「哇——」的一聲嘹亮大哭的聲音，叢林裡有人大喊：「你們完蛋了，打到人了！」

他們衝出樹叢，對著我們大罵，其中一個正哭著的較小孩子，頭上已經被我們打了一個大包。我們立刻停止攻擊，但這是集體行為，亂石之下我們這邊也不知道是誰打到他了，只好趁他們往上爬的時候趕緊從另一條路下山。臨走，我認出來他們那一隊有一個子弟學校的同學，叫曾勇海，外號「蒸包子」。

第二天中午放學，走到小路的時候，蒸包子過來找我，推了我一把，說：「阿駱，昨天你們是什麼意思？」

我愣了一下，才想起昨天爬山時闖的禍。其實這是池魚之殃，我也不過是個旁觀者。我嘴上說：「又不是我打的！」心裡隱約覺得可能要和他打一架才能解決問題。事態正準備向戰鬥發展時，另一個小朋友王亞雄突然介入進來，奇怪他也不問情由，就幫我把蒸包子給推到一邊，還罵道：「蒸包子不許欺負人！」那時侯我還沒跟亞雄玩在一道，心裡還納悶他管啥閒事呢？蒸包子雖然不爽，但他也不是很愛打架，被王亞雄這麼一攪局，復仇的事也就不了了之了。

5-19 神射手

小孩子玩遊戲，是一陣子一陣子的「一窩蜂」，有時候流行玩玻璃彈珠，有時候流行玩橡皮筋、圓牌或是塑膠製的小模型（我們稱之為「化學」）。這些都是帶有技巧和賭博性質的比賽，到了流行季節，小孩子中間會產生幾個「腰纏萬貫」的「暴發戶」，擁有整盒整盒的圓牌、一筒一筒的彈珠、成串成串的橡皮筋等等。

我從來不是這些比賽的高手，所以總是扮演「被剝削」的角色。我老弟仁華的情形和我相反，每到一種遊戲的流行季節，他都能在這些小孩遊戲中脫穎而出，當起了「暴發戶」。遊戲季節，每當我玩不過人家輸光了，就去跟仁華再要一些橡皮筋或彈珠來玩，他有時候會給我一些，但大部分時候是不給，我只得用老哥的權威或是要洩漏他的小秘密等軟硬兼施的手段要脅他，才能從他手裡弄得一些資本。有一次老弟被我要煩了，還專門為我開了一個單人補習班，耐心地教我如何瞄準打橡皮筋。我倒是滿認真學習的，可惜眼手協調能力不夠，還是掌握不到要領，結果進步有限，遊戲時輸贏仍然得靠運氣。

老弟打橡皮筋的本領確實了得，能在三米之遙打下停在屋簷下的蜻蜓，一、兩米的距離打死一隻蒼蠅更不在話下。他橡皮筋打得準，居然還出了名，連大人都知道。有次斜對門周國荃的爸爸周伯伯站在他家院子裡，見仁華經過逗他玩，問他說你橡皮筋真的打得很準嗎？可不可以把我手裡的煙頭打下來？仁華說可以試試。周伯伯拿著煙頭不動，仁華沉了沉氣，瞄準了一下，竟然隔著周家大門的鐵欄杆，把周伯伯正冒煙的煙頭給打了下來。周伯伯嚇了一跳，伸出大拇指連說：「了不起，了不起！」從此一看到我老弟，他就會跟旁邊人講：「唉，這小傢伙橡皮筋可打得準嘞！」

除了有輸有贏的賭博性遊戲，比賽型的遊戲我老弟也有兩下子，比如說他毽子就踢得很不錯。踢毽子最基本的比賽是比次數，看誰踢的次數多。我老弟踢毽子，除了能踢很多次以外，還會不少花招，什麼用腳或額頭去接毽子、跳踢、跪踢等花樣。沒事的時候他老愛表演給我看，炫耀一番。我連這些踢法都沒聽說過，怎麼會感興趣呢？

老弟小時候的志願是當「蛙人」，想不到長大後考取國防醫學院，卻做了醫生。他目前成功地經營三家醫院，小時候打橡皮筋的絕活都移到手術刀上去了。

5-20 今日世界雜誌

我弟來武的，是兒童遊戲的高手。我卻喜歡文藝，逮到機會就翻看各種雜誌。

那年頭台灣好雜誌不多，小時候最吸引我的是一種叫《今日世界》的彩色畫刊。當時一般家庭很少訂閱雜誌，我偶爾在一些提供公共書報的地方看到陳列了《今日世界》，一定會把握機會津津有味地把它看完。薄薄一本《今日世界》包羅萬象，有國際最新的政治動態、科學新知、音樂、美術，和文學作品等等內容，每一期還有半頁專門刊登一局象棋的棋譜，雜誌裡面印的國畫也很漂亮。我最喜歡看的是美國的交通圖片，那時美國正在建設全國性的高速公路，雜誌上常刊登從空中俯瞰的蝴蝶形高速公路、交流道等複雜的公路圖片。另外還有許多美國風景名勝和太空圖片，各種人造衛星和星球的彩色圖片都很漂亮，讓我看了又看。

長大後才知道，這本坊間最好的純中文畫刊，竟然是美國人的出版物。它由香港的美國新聞處主辦，是美國國務院的宣傳品。根據資料，今日世界雜誌從民國四十一年開始出版，歷經二十八年，直至民國六十九年才因經費刪除而停刊。美國人的「毒化宣傳」效果似乎不錯，我從小就知道美國是個科技發達的強大國家了。不過長大以後，我愈來愈不喜歡戰爭，覺得美國憑藉著強大的武力，製造過太多戰爭，也愈來愈覺得美國是個窮兵黷武的國家了。

5-21 一排屁股水印

搬家到了左營，游泳的地點有點改變，從小河變成了海邊和游泳池。

左營桃子園的山邊是海軍軍區最南邊的哨所，穿過哨所往西走，經過很多陸戰隊的部隊，約莫半小時路程就到達了海邊。左營港南邊的海灘主要是陸戰隊的兩棲登陸訓練場，並不是供人游泳的海水浴場。海邊沒有任何救生員，海底也被戰車碾壓得高低不平，只有風浪小的時候才能下水。我們游泳的地方，也曾經拍過電影，是影星王莫愁和日星石原裕次郎主演的《金門灣風雲》。

海邊還有一個專供訓練用的海水游泳池，我們夏天大部分時間在這兒游泳。游泳池邊沒有更衣室和浴室，游完泳軍人和小孩都從旁邊一口井裡拎淡水沖身子。左營游泳和鳳山不同，沒有人光屁股，小孩都穿內褲下水。游完泳，內褲還是濕溚溚的怎麼辦呢？大太陽底下，碼頭旁邊像個大熨斗一樣又燙、又寬、又乾淨的水泥地，就是我們的解決方案啦。小孩在水泥地上坐一下，然後再坐一下，連續坐個七、八下，當地上印滿了小孩屁股圓圓的水印子時，我們的內褲就快乾了。游完泳，如果時間還早，通常我們還會四處看看戰車或軍艦，品頭論足一番。

寒冷的冬天裡，我們不會下水游泳，但還是會逛到海邊去。還記得冬天看見蛙兵們從海上訓練回來，一個個嘴唇發紫地蹲在井邊發抖，班長問一聲：「冷不冷？」小兵們一起大聲喊：「不冷！」接著班長就是一桶冰冷的井水澆到他們身上，他們趕緊擦身子。然後又是一聲：「冷不冷？」和一桶冰水，一桶接一桶，直到沖完了身上的海水，他們才換上乾衣服。我在旁邊看著，心想蛙人的訓練真叫人心裡發毛。

改建後的果貿國宅

5-22 蓮池潭

我們兩排房子位於果貿的尾端，從村尾走出村子，有兩個重要地點：右邊是左營火車站，左邊穿過城牆，經過龜山和勝利新村，就是台灣著名的風景區「蓮池潭」。蓮池潭還有兩個名字叫「春秋閣」和「啟明堂」，其實都是一回事。春秋閣是蓮池潭中的春、秋雙塔，啟明堂是蓮池潭邊的一間廟。標準的蓮池潭風景照片是春、秋雙塔中間夾著一個好看的半屏山。

蓮池潭是老式的風景區，曾經因為台灣陸續開發了許多新的旅遊地點而一度過氣了，成為沒人理睬的地方。後來左營人又在蓮池潭中興建了龍塔、虎塔，潭邊建了道教大型偶像，高雄市政府也在潭邊興建了孔廟，在勝利新村舊址上興建了「眷村文化館」，「左營蓮池潭風景區」才得到了第二春，成為觀光客常去的地方。

結伴到啟明堂去玩，是當年我們那兩排房子小朋友經常舉辦的活動。過年、過節時人多，我們通常會去擠人潮；有客從遠方來也必須領客人去玩，就是什麼理由也沒有，只要我們高興，大家也會結伴去那邊轉一圈。

每次和鄰居小朋友去蓮池潭，大大小小、浩浩蕩蕩總有十多個人。蓮池潭邊上有許多茶座和彈子房等商家，許多單身的外省老兵們都在這裡流連。茶座右邊，是號稱龜山尾巴的一個小山丘，小山丘上有個小燈塔，叫做永清塔，是紀念前海軍總司令桂永清的建築物。小山丘上散落著一些公園椅，花好月圓之夜總有不少談戀愛的人坐在那兒談心。小朋友點著一種十秒後才會爆炸的延遲鞭炮「水鴛鴦」，悄悄塞在公園椅下面，就躲著看好戲了。十秒鐘後，「碰！」的一聲巨響，常常嚇得椅子上的人猛然跳起來，驚慌失措。戀人們回過神來罵大街的時候，我們早已四散而逃。

然而，「多行不義必自斃」，頑皮小孩的惡作劇終於出了問題。一次在舊城國小前面，我們一個鴛鴦炮從一個騎腳踏車的軍人臉上飛過，忽然他勃然大怒，跳下車來抓我們。我們調皮慣了，從來沒有料到會有這麼強烈的反應，大家立刻作鳥獸散，我和弟弟跑得快沒被逮著，陳皓和夏美俊站得近，竟被他給抓走了。軍人強迫他們翻過舊城國小的圍牆，到學校去找電話，要把他們倆人送到憲兵隊去。結果電話也沒打成，軍人打了他們幾個巴掌，就把他們放了。經過這一折騰，小孩子都嚇壞了，大家集合好就趕緊回家。一路上還在講怎麼逃、怎麼被抓的事。

到家時看到大人們都站在巷口在講話，原來這次小孩們出去太久了，他們正商量著要怎麼去找我們呢！大人見我們回來了，盤問為什麼去了這個麼久？小孩們只好據實以告。因為夏美俊和陳皓被軍人打了，夏伯伯、陳伯伯感到很生氣。我們的「頑童擾民」遊戲，在他們眼裡變成了「軍人虐童」事件。他們決定去憲兵隊要找到這個軍人，查個明白。後來果真找到了這個人，我聽夏伯伯講，原來他是個陸戰隊老士官，在軍中熬了十來年，那天剛剛升為少尉。新官上任的「少尉軍官」下了班自己上街喝個小酒慶祝，心情舒暢，暈陶陶地正哼著小曲，騎腳踏車在湖邊溜達，卻冷不防被小孩子放鞭炮破壞了他的情調。

瞭解了事情的來龍去脈，原來是「大水沖了龍王廟：一家人不認一家人」。夏伯伯他們發現對方是陸戰隊弟兄，也只好不追究了。

6　升學考試

民國五十二年，政府遷台第十四年。大人們盤算著反攻大陸的大計，我們小孩子承受的卻是升學考試的壓力。

當年還沒有國民中學，義務教育只有小學六年，好多鄉下孩子小學畢業就不再升學了。不過就算一部分人不繼續升學，二戰後迅速增加的嬰兒潮和民國三十八年大批外省人來台，想升學的小學生還是大大超過中學的容量，形成了強烈的升學競爭。孩子們的課業負擔愈來愈重，近視眼的人數直線上升。為了減輕小學生的壓力，教育部宣佈升學考試只考國語、算數兩科。

對身歷其境的我來說，只考兩科其實沒有什麼好處。為了升學，我們的功課就只剩下不斷強化的國語和算術兩科；常識、自然課都不教了。六年級的孩子，更沒有了音樂、美術和體育課。不但如此，各小學之間還流行「惡補」。惡補就是儘量延長學生留校的時間，反覆加強小學生國語、算術的考試能力。每個學校「惡補」的情況並不一樣，海軍子弟學校惡補情況不算嚴重，只是每天加了一節課，六年級學生比其它

升學考試

小朋友晚離開學校一小時。不過就算如此，冬天放學的時候，天都已經黑了。還好星期天我們不用上學，我才有機會騎車到軍區裡別的村子去找同學玩。

六年級下學期，升學考試慢慢接近，學校開始舉行全年級的模擬升初中考試。考完了，過幾天教務處還用毛筆工工整整地寫一張大榜單，按得分高低放榜。按照當年標準，兩科合計考到一百五十分以上就能考得上學校。我兩科的總分經常保持在一百七十以上，偶爾考順了也會衝過一百八十分，屬於一定考得取，但遊走在一流和二流學校之間的學生。我們這兩排房子有四個六年級的孩子，其中三個讀子弟學校。除我以外，另外兩個女生是隔壁駱麗華和斜對門的周國荃，這兩位女生模擬考試的成績和排名永遠在我之前，穩定在一百八十分以上。三歲看八十，兩位鄰居果然在多年後都拿到了美國博士學位。

惡補、考試和打板子的日子漸漸度過，終於到了小學畢業典禮。海軍子弟學校歷屆畢業典禮都由海軍總司令主持，在左營海軍中山堂舉行。畢業典禮行禮如儀完畢，照例放一場電影給小朋友看以示慶祝。畢業典禮以後繼續上課，直到初中「聯考」前一天。那天，馬老師在黑板上寫了滿滿的聯考注意事項，包括勘察場地、提早出門、准考證放在哪個口袋、不能吃香瓜、香蕉免得拉肚子等等。老師一一說明後，到了放學時間我們就跟平常一樣地回家了，誰也沒察覺到那是我們小學生涯的真正結束日。

6-1 初中聯考

高雄市公立學校聯合升初中考試當天，我們全家出動陪考。我爸解下他的手錶給我戴上，以控制答題時間。無奈錶鍊太大，還得先在手上纏一條手帕才戴得住。不過平時不用手錶，考試時我也沒注意用手錶來管理時間，總在大概時間內寫完了。考試下課的時候，媽媽拿出平常喝不到的檸檬汁給我喝，但又囑咐我不要喝太多，免得在考場中尿急。其實我沒喝幾口，倒是看到仁華弟咕嘟、咕嘟在那猛灌果汁。考試結束，我爸爸一一垂問考試的內容，他發現我的表現正常，也就沒有再多說什麼。印象比較深的，反而是四年級的仁華知道原來聯考是件大事，像發現新大陸似的，在回家的路上一直跟爸媽們約定，等他考初中的時候，要爸媽一定要替他準備葡萄、蘋果、橘子水等好吃的東西。

除了參加高雄市初中聯考外，左營海軍子弟大都還參加海青中學單獨舉辦的入學考試。海青中學是海軍子弟小學的初中部，學生來源跟子弟小學一樣，幾乎全是是海軍子弟。考試那天，媽媽請假陪我去學校應考。走到南門的時候，我媽硬拉著我從城門洞裡穿過去，我覺得怪怪的。平常我們上下學，很自然地都順著馬路兩邊走，而不會走到馬路中間的城門去。我媽這一舉動，直到海青中學放榜後，我才知道是怎麼回事。

6-2 放榜了！

不久聯考的成績單寄來了，我考了一百七十多分，沒考上第一志願市立二中，而高分錄取第二志願市立第七中學（現在的鼓山高中）。

一天黃昏，媽媽下班時不知道從哪裡聽到一個消息，說海青中學今晚放榜，於是拉著還在吃飯的我，要去子弟學校看看。路上我們又碰到幾個也參加海青考試的同村小孩，順便也把他們叫上，大家一起去看放榜。結果到學校門口沒有看到榜單，問傳達室的工友也沒問出個結果，一行人只好再打道回府。

沒看到放榜結果，媽媽好像很失望，我卻一點事也沒有，一直說剛才走得太匆忙了，飯都沒吃飽，要求在巷口麵攤吃碗麵。吃完麵剛回家，居然聽到鄰居家收音機裡正在一個名字、一個名字地播報著海青中學的新生放榜名單。我們趕快回家打開收音機，緊張地收聽來自左營軍中廣播電台的廣播。結果，錄取新生的名字一一念出來，直到播報完畢也沒聽到我的名字。我媽火大了，順手在我頭上猛敲了一記，說：「吃麵，吃麵，考不上學校看你還吃什麼麵？」我摸了摸腦袋，覺得特別冤枉，我不是已經考上七中了嗎？考不考得上海青又有什麼關係？

我媽在自己家裡沒聽到我的名字還不甘心，還跑到別人家去問他們有沒有聽到我的名字？他們也說沒聽到我的名字。今天為了海青中學放榜的事折騰了一晚上，陰錯陽差地還是沒有明確消息。我也只好摸著發疼的腦袋和一肚子委屈上床睡覺去了。

第二天一早，我還躺在床上就聽到媽媽一路喊著進來：「考取了，考取了，考上了免費生！」我連忙跳下床，就看到媽媽拿著別人家的報紙回來了。我順著媽媽的手指去找，果然看到了我的名字。原來我的名字排在榜單最前面的三十名左右的「免學費」那一群裡面。不是沒考取，而是考得太好了，廣播開始不到兩分鐘就念過去了，難怪大家都沒聽到。我考取了免費生，老媽終於說：「我就知道，一定要從『啟文門』穿過，你才會考得好。」原來那天她帶我走南門，是為了祝福我、討個吉利。

海青中學雖然由海軍總部出資興學，但海軍不是教育機構，所以法律上海青中學是私立學校，學費比公立學校貴一些。海軍為了鼓勵成績較好的子弟到海青讀書，設立了免費、半費和全費三種學費標準。入學成績最好的四分之一學生可以享受免學費待遇，第二個四分之一享受學費減半待遇。其餘一半學生則需要全額交費。不過這種區分並不是一成不變的，每年還要按新的學業成績來決定交費標準。

市立七中和私立海青中學都是不錯的學校，海青因為建校時間長，名氣還是比較大。我既然考上「免費生」，海青中學就成為自然而然的選擇了。後來，我們家這兩排房子的四個同齡人都讀了海青中學，其中三個人是免費生。

考上了中學，爸媽覺得我應該使用手錶了。暑假裡有一天，他們帶我到高雄市大勇路買了一隻新手錶。當年鹽埕區大勇路是高雄市最繁華的街道，它最重要的建築是大新百貨公司和生意鼎盛的光復大戲院。光復戲院的對面，大仁路和大勇路轉角的第一家店，是著名的「書包大王」，然後是整排的珠寶、眼鏡和鐘錶商店。我們走進其中一家鐘錶店，爸媽替我選購了一隻中等大小的學生錶。我手腕上掛著新買的手錶走出商店的時候，忽然覺得整條大街上的行人都在「盯」著我的新錶看，害我窘得真想找個地洞鑽進去。

除了手錶，爸媽還做了兩件事：我媽幫我在高雄找了個補習班，我開始每週搭三次公車到高雄市去補習英語。我爸把家裡的桌上型收音機拿到左營大街去加裝了一個電唱機，並改裝了一個外殼，變成了立式的音響組合。買電唱機的目的，也是為了買那種三十三又三分之一轉的唱片，幫助我學英語。

在那個升學競爭激烈的時代，眷村家長都十分重視讀書的事。一到各種升學考試放榜時，大家都豎起耳朵來打聽誰家孩子考上了什麼學校。如果有誰考上了特別好的學校，鄰居還有人會買一串鞭炮來門口放一放以示慶賀嘞！我們家那兩排房子的孩子們受教育的情況到底如何呢？我做了個小統計：

兩排房子十二戶陸戰隊上校家庭，大大小小總共有四十四個孩子。其中七個人因為年紀太小，不清楚他們長大後的發展。餘下三十七孩子全部都有高中以上學歷，其中有三十人接受了大專以上教育，佔總人數的百分之八十一。有十八個人考上四年制大學，還有人繼續深造，出了五位碩士、三位博士。讀軍校的人裡面出了一位將軍、兩位醫師（都姓駱）。這樣看來，從小在一塊兒的玩伴，後來的發展都還算挺好的，家長們當年嚴格的督導，果然有了可觀成效。

7 海青中學

民國五十二年九月，我剃了個大光頭，回到了母校初中部，成為海青中學初一的新生。初中開學有兩天新生訓練，因為是在母校受訓，所以好像沒有什麼特別需要適應的地方，倒是在勞動服務的時候，發現全班都是男生，擦玻璃、灑水、掃樹葉的人手增加不少。

在台灣，大家把小學生看作兒童，老師叫你「小朋友」。初中以上算是少年，老師開始稱呼你為「同學」。一旦被稱為同學，從此就沒資格享受「兒童節」假期了。

初一新生共有八個班，按照「天干」次序排列。男生甲、乙、丙、丁，共四個班，女生戊、己、庚、辛，也是四個班，每班平均五十人，合計約四百人。四百個男女學生中，甲、戊兩班是免交學費的「免費生」，乙、己兩班交一半學費，是「半費生」，男生丙、丁班和女生庚、辛班是交全額學費的「全費生」。

海青中學當年的學業水準，高於高雄市公立初中的平均水準。許多海軍子弟考得上公立學校，卻考不取海青中學。海青中學的學生主要是海軍子弟，他們來自海軍眷村的三個小學——海總附小、明德與中山國小。開學後我簡單估計了一下，子弟學校大約有一半人進了海青中學，沒讀海青的人大部份讀的是市立七中和八中。鳳山中正國小雖然也有很多海軍子弟，但他們因為交通不便，讀的是省立或縣立鳳山中學。海青中學是對外公開招生的，所以還有百分之五學生是高雄市慕名而來的「非海軍」子弟。

由於海青中學的特殊背景，學校變成了二十二個眷村海軍子弟的大熔爐，學生們因升學而結識了所有眷村的同學。更因為同學們結伴闖蕩，而熟悉了猶如大型探險樂園一般的海軍軍區。海青中學與軍區、眷村生活息息相關，充滿了濃濃的「海軍情調」。我覺得在左營長大的海軍子弟，如果有機會讀海青中學而不去讀，那他少年生活的「趣味性」損失就大了。

7-1 海青淵源

二〇一三年，為了回憶左營生活，我買了一本《告別的年代：再見！左營眷村！》來看。作者對現在的海青工商、永清國小的淵源不太清楚，還記載了後人對這兩校當年是否同一來源的猜測臆斷。好在我對此事略知一二，可以為他們補上。海軍子弟小學與海青中學雖是兩個法人，但兩校的校長都是安世琪先生。兩校共用一塊校地，當年從海軍總司令到全體學生都認為我們是一個學校的小學和初中部。小時候，小學和初中部都一同參加每日的升旗典禮。那時聽安世琪校長在升旗台上宣佈過，「海青」兩個字，寓意為「海軍青年」，他不但辦了小學、初中，以後還要辦高中、專科，都要用「海青」為校名。可惜，美好的願望，最後沒有成為美好的事實。

民國五十五年國防部要求所有軍種的子弟小學都交給地方政府接辦，海軍子弟學校才改為永清國小。改制的同時，新成立的永清國小也帶著全校學生遷出了原來校區，搬到馬路對面的現址，那年我剛從海青中學畢業。永清國小現址原來是海軍油庫之一，我弟弟小時候還從果貿三村翻過舊城牆，跑進去摘蓮霧，被守衛抓到過。海軍子弟學校停辦，永清國小搬了出去，但海青初中還留在原地，過了幾年才轉給了高雄市政府改制成為海青工商職業學校。故此，兩校原為一校，這是毫無疑問的。

上網搜尋，海青工商和永清國小兩校的網站都說，他們是前海軍總司令桂永清在南京成立，於民國三十八年遷來台灣的，我對這點表示疑問。我們唸書那些年，兩校從校長到全體老師，包括校工「老油條」，幾乎清一色都是山東人。我們也一向認為海軍子弟小學是從山東青島遷過來的，初中部海青中學是到了台灣才成立的。所以我對「建校於南京」的說法，感覺前人可能有誤。當然，就算查出建校地點是青島而不是南京，也不是什麼了不起的大事，存疑歸存疑，我們也沒必要真的去考古了！

永清國小建校都快五十年了，學校的年齡已經幾乎是它前身海軍子弟學校的三倍。當我上網查閱他們的網站，赫然發現永清國小現今傳唱的，還是下面這首當年海軍子弟學校的校歌。當睽違了幾十年的的校歌從電腦傳出來的時候，我的鼻子一酸，眼睛也跟著模糊了：

海軍子弟，歡天喜地，親愛精誠，一團和氣。
海軍子弟，頂天立地，兄弟姊妹，人人成器。
公共信條，仁勇與智，大家勤學，崇禮尚義。
孝悌忠心牢牢記，三民主義最有為。
精忠報國立志做大事，
精忠報國立志做大事！

7-2 海青校園

念初一的時候，海青中學的教室還是木造的，很破爛。不過，它的校園卻十分吸引人，讓我們在學校玩得很舒服。首先海青的校園很寬廣，有許多小的區隔空間，我們可以在不同的角落，玩自己喜歡的遊戲。其次，校園裡有很多高大的樹木，學生們

海青校園裡的盧溝橋

隨處都可以找到陰涼的地方讀書或休息。高大的樹木主要是芒果和桂圓兩種果樹，所以學校也是一個大果園。校園裡還有許多個戰爭時期留下來的防空洞，這些防空洞都在樹蔭底下，好像是叢林裡的山洞。不過這些防空洞並沒有探險價值，裡面全都有一股尿騷味，總是有調皮的傢伙在裡面「方便」。校園裡還有好幾個水池，其中最大的池塘中間有一座拱橋，我們叫它「盧溝橋」，盧溝橋下魚最多、最大，學生趁老師沒注意，常用各種方法捉魚玩。

雖然上了初中，但初一學生還沒有完全脫離兒童時代，我們還是趴在地上玩彈珠、橡皮筋之類的遊戲。直到下學期以後，才正式拋棄了這些「小孩遊戲」。

7-3 一年甲班

一年甲班基本上網羅了應屆左營眷村最優秀的海軍子弟，開學後各科老師上第一堂課時，都要恭喜我們一番，說我們都是品學兼優的好學生，希望我們好好用功讀書。學校這麼重視我們，新生們聽了也滿爽的。

開學後我跟鄰座一個新認識的陳永鏗同學挺聊得來的，下課時還一塊兒玩彈珠。填寫家庭狀況表時，我瞥見他在「父親職務」欄裡填寫了「驅逐艦隊司令」幾個字。我知道海軍最棒的軍艦是「陽字號」驅逐艦，但不知道還有驅逐艦隊。我心想：「哇！中華民國海軍最棒的軍艦都歸他爸爸管，真是太厲害了。」後來聽其他同學告訴我，陳永鏗的爸爸陳慶堃將軍曾經在大陸撤退時指揮「永嘉號」軍艦，成功帶領十三艘船艦突圍，衝出被共軍封鎖的長江口，立了大功，獲頒代表軍人最高榮譽的「青天白日」勳章。一年甲班還有一位姓何的同學，他的爸爸何恩廷將軍是陸戰隊第一師師長，後來還當過陸戰隊司令、警政署署長。而我爸爸當年就在第一師任職。班上還有什麼人的爸爸是海軍大官我不太知道，不過我知道還有同學的爸爸是海軍士官

青天白日勳章

長。將軍和士官兵的子弟在同一個學校、同一個班上求學，下課後一起嬉戲、一起騎自行車逛軍區，海軍子弟們就是這樣長大的。

軍人的孩子，聊天的話題也和軍事有關。有一次，我爸好像正在參加一次重要的演習，顯得很忙碌，偶爾匆匆回家打個轉，不但頭戴鋼盔，而且還腰配手槍。那幾天過去以後，我在教室聽到一個明德國小來的，叫彭群的同學眉飛色舞地在那裡講故事，旁邊圍了三、四個人，我也湊過去聽聽他講什麼。他說前幾天桃子園海邊有大規模的演習，動員了上萬名兵力，總統也親臨視察。彭群說陸戰隊出動了所有的兩棲登陸戰車，還有蛙人水中爆破、艦炮支援、士兵攀山岩、操作火焰噴射器等實彈射擊，打得驚天動地。我問他怎麼知道得這麼清楚的？他說他爸爸就是演習的說明官，用麥克風播報演習過程，請總統看左邊戰車登陸，或是右邊發生了什麼戰鬥等等。我回去跟我爸說，我同學的爸爸就是你們這次演習的說明官呢，我爸回應：「哦，那人叫『彭程』！你的同學姓彭吧？」原來我們的爸爸早就互相認識了。

7-4 身高問題

男孩子從初中開始，陸續進入青春發育期，但各人的發育期出現的時間卻不一致。發育較早的，從十二歲小學六年級時就開始長身高了。發育較慢的，要等到十六歲，也就是高中以後才突然發育、長高。我的青春發育期大約年滿十四歲才開始，所以從六年級直到初三上學期都是「矮矮的」，總是坐在教室的前面兩排。初一的時候我身高只有一百四十五公分，有天跟幾個比我高半個頭的同學閒坐在一起，大家聊到了身高話題，猜想誰會長到一百八十公分、誰會長到一百九十公分之類的。我想了想，我長到一百八以上是不可能的，一百六又太矮了，所以我說我希望長到一百七十公分就好了。沒想到同學們一致「唱衰」，有的說：「不可能的啦！」有的說：「你能長到一六五就不錯了！」奇怪，想想也不行嗎？真沒意思，不跟他們繼續聊了。

最後上帝給出了答案，進高中後我終於長到了一百七十三公分，超過了中國人的平均身高。在海青當了幾年矮個子，除了遲到的青春發育期以外，還有一個根本原因，就是海青中學的特色——北方孩子特別多。這些北方孩子一旦進入青春發育期，個個都長成了高頭大馬的壯漢。總之錯不在我，不是我矮，而是他們太高了。

7-5 西瓜皮

我讀初一的同時，仁華弟也被我爸「講」進了子弟小學。小學部中午放學比初中早半個小時，所以我每天放學都會在路上遇到吃過中飯正走路上學的仁華，兄弟倆每天相遇時打個招呼就過去了。我回到家打開電鍋，吃媽媽放在鍋裡保溫的午餐。媽媽雖然上班不在家，但她還是細心地為我們買了水果，請在菜市場賣菜的李媽媽（就是李大毛的媽媽）帶回來，所以午飯後我和弟弟總有西瓜吃。通常我吃飽了午飯，啃幾口西瓜就上學去了。

最近好像有點怪，媽媽買的西瓜愈來愈小，我心想老媽幹嘛買這麼小片西瓜？一兩口就吃光了，還不夠塞牙縫的。這天，我又一口吃完了那片「小西瓜」，拿著西瓜皮打開後門，想順手把西瓜皮丟了。就在我一舉手，正待投下西瓜皮的時候，突然看到畚箕裡有好大一片西瓜皮，面積足有我手中西瓜皮的七倍大。靈光一閃，我才發現我的那份西瓜已經進了仁華的肚子。我覺得又好氣又好笑，這傢伙「偷吃不擦嘴巴」，竟被我逮個正著！其實他就是把全部西瓜吃光，只要處理乾淨，我也不會知道呀！當晚我拉著仁華到畚箕邊上，指著一大一小兩片西瓜皮，問他這是怎麼一回事？他只推說不知道，什麼也沒承認。不過，從此我每天中午的西瓜卻「神秘地」又恢復了應有的分量。

成年以後，我拿這件事取笑仁華貪吃。想不到他哈哈大笑，還大言不慚地狡賴，說：「發育期間嘛！沒辦法啊。」

7-6 約翰．甘迺迪遇刺

民國五十二年十一月發生一件震驚世界的事件，就是美國總統約翰•甘迺迪的遇刺身亡。消息傳來那天中午，我們正放學在操場排回家的路隊，黃沙滾滾中間，學校擴音器播報了他遇刺的新聞。少年們當然不懂政治，但「美國總統被刺殺了！」還是一個令人驚訝的消息。乙班一個叫趙重光的同學在旁邊驚慌失措地喊叫：「完蛋了，完蛋了，就要世界大戰了！」我聽了覺得莫名其妙，不知道他在發什麼羊癲瘋。我記得的倒是甘迺迪當選時，我爸曾說他是美國最年輕的總統，才四十三歲。還有左營的海訊日報也登過他是個海軍英雄，在二戰時擔任炮艇艇長，炮艇被撞沉時拯救過全艇士兵。至於他被暗殺了，會對世界局勢有什麼影響，我就完全沒概念了。

民國九十七年八月，我們全家駕車環遊美國，來到了德州達拉斯市甘迺迪遇刺的地點。當年伏擊甘迺迪槍手所躲藏的建築物還在，現在改成了一個紀念甘迺迪的小博物館，名叫「第六樓博物館」。遇刺時的馬路也沒有改變，只是在馬路上的中彈位置用白油漆畫了一個小叉叉，不留意看不出來。我在博物館中流連時，想起了四十五年前他遇刺當天，海青校園裡放學時的人潮、黃沙與對話，歷歷在目。而如今，這一切都已經成為了「歷史」的一部分。

海軍軍區大門

8 海軍軍區

搬家到左營快兩年了，直到讀了海青中學，我才算對左營軍區的大環境有了清楚的概念。這兩年中，一共編了三次班，每次編班都結識了不少眷村裡的新同學，跟同學們騎車在軍區裡四處遊玩，慢慢摸熟了東南西北。

左營軍區是台灣最重要的海軍基地，軍區裡有大量海軍和陸戰隊單位。軍港裡停泊著幾十艘戰艦，岸邊有油槽和造船、修船的工廠，後勤補給的各項設施。部隊、軍校、醫院、官兵休閒娛樂區，軍人家屬居住的眷村，再加上一個高爾夫球場，林林總總，分佈於整個軍區。

從高雄鼓山路或中華路往北，兩條路在鳳山縣舊城南門（啟文門）會合，就到達了左營的第一站。左營大路從這裡開始，海青中學的地址就是左營大路一號。南門的左邊通稱桃子園，有眷村和軍區南端的第一個哨所。南門右邊就是規模龐大的果貿三村。過了南門、海軍育幼院、美軍福利社、海青中學、永清國小，就遇到到必勝路，必勝路是陸戰隊司令部的入口。幾十年前陸戰隊曾經在必勝路口設立了一個大型的陸戰隊隊徽，是一個海錨中間嵌上一個地球儀，地球儀上方有一個青天白日的國徽。後來為了遷就必勝路兩旁海青中學和自助新村大量非軍事人員進進出出的需要，陸戰隊拆除了隊徽，把崗哨內移到必勝路底，現在左營大路上已經看不到任何陸戰隊的標誌了。

海軍陸戰隊隊徽

左營大路到了必勝路分叉為兩條馬路，直直向前的是中正路，通往海軍軍區大門。向右方繼續往前的左營大路進入左營市區。軍區大門有憲兵把守，按照規定進軍區的時候，所有車輛、人員都應該停下來接受檢查。不過那時候執行得不太徹底，騎腳踏車的人只要揮一揮識別證，減緩車速作個準備下車的樣子也就行了。海青中學的學生身穿學校制服時，就跟有識別證一樣，可以自由進出。進了軍區大門，任何一條路往左走，都會碰到左營軍港。

進了軍區大門，是一條筆直寬闊的椰林大道，正面第一個地標是「海軍忠烈將士紀念塔」。紀念塔高高聳立在軍區的樞紐位置，左側就是陸戰隊學校，軍區各單位基本上也都沿著中正路分佈。過了紀念塔繼續走往北，左邊是海軍高爾夫球場，右邊是海軍眷村、四海一家、海軍體育場、中山堂。中正路的盡頭，左邊是海軍士校，腳踏車向右轉，騎一會才到海軍官校大門，過了官校是軍區邊緣的海軍總醫院。軍區裡隨處都是茂盛的鳳凰木，仲夏開花季節綻放著一片火紅的花朵，充滿南方熱帶情調。

海青中學離陸戰隊司令部最近，中間只隔著戶數不多的西自助新村。司令部門前有一個大操場，平時是個空空的草坪，但是有重要外賓或華僑訪問陸戰隊的時候，操場上就會進行熱鬧的表演活動，

軍區的地標海軍忠烈將士紀念塔

海軍陸戰隊儀隊表演

附近居民、學生也都沾光欣賞。雄壯威武的陸戰隊儀隊大約有五十多人，頭戴閃閃發光的鋼盔、身穿筆挺的軍服、手持上了刺刀的步槍，在鼓號聲和旗隊的帶領下表演分列式、花式操槍、空中拋搶，像螺旋槳一樣地旋轉槍支前進，永遠能吸引我們的眼球。除了儀隊，往往還有跆拳道、射擊等戰技表演。神射手射斷捆綁標語的細繩時，捲曲在裡面的的標語一一展開，當「歡迎某團體來訪」或「恭賀新禧」之類應景標語抖落時，總是迎來熱烈掌聲。

陸戰隊素以訓練嚴格而聞名，除了儀隊訓練嚴格艱苦、一絲不苟之外，我知道另外還有一個部隊的訓練更令人膽寒，那就是俗稱「蛙人」、「水鬼」的「兩棲偵察連」。據我了解，台灣有三個水中特種部隊，一個是陸軍的「成功隊」駐守在金馬前線。聽說早年成功隊在台灣坐台鐵火車都不用付錢，那是他們歷屆隊員用打架打出來的「江山」。另外兩個蛙人部隊都屬於海軍，一個是海軍的「水中爆破隊」（U.D.T.），一個是陸戰隊的「兩棲偵察連」，這兩個部隊顧名思義，爆破隊的任務是清除軍艦航道中的障礙，偵查連的任務是了解海岸登陸場的環境。不過軍人的任務繁雜，我相信他們任務的重疊性一定很大。兩支部隊的訓練都很艱苦，為了完成「不可能的任務」，個個曬成了古銅色的皮膚，鍛煉出過人的膽識與體力。蛙人們的軍服就是一條游泳褲，從小我們就知道訓練時他們把小兵丟到海裡，一泡就是三、四個小時。他們畢業時還有駭人聽聞的「天堂路」節目，學員們必須通過「非人」的考驗，才能成為正式隊員。孩子們偶爾闖到他們營區，在邊上看他們訓練的時候，總是又羨慕又害怕，自己雖然沒有參加受訓，多少也領悟了一部分軍事訓練的艱苦。

國防上，左營軍區是捍衛中華海疆的重要基地。事業上，它是父兄們開創軍旅生涯、施展抱負的工作場所。生活上，軍區是眷村子弟成長、學習、茁壯的搖籃。

國軍開始在台灣各地大量興建眷村以後，眷村文化逐漸形成。而我認為在遍佈全省眷村之中，左營眷村的海軍子弟可以說是更加幸運，因為我們擁有一個佔地遼

海軍宴會中心四海一家

闊，充滿著熱情、奮鬥、陽剛、紀律、尚武精神，同時又具備新奇、現代、親切特色的海軍軍區。在那個軍事單位與眷村融合的時代，海軍軍區一方面是眷村子弟「探險」的樂園；另一方面也自然而然地培養了我們強烈的奮鬥意識和愛國思想。

8-1 四海一家

四海一家，光聽名字就顯得這個地方格外的宏大、氣派。當初命名的原因可能由於中國領海包括南海、東海、黃海、渤海共四個海域而來。四海一家綠樹環繞、環境幽雅，是軍區裡最高級的宴會場所。當年經濟不發達，左、高地區沒有什麼大酒店，四海一家是南部首屈一指的高級宴會場所。

海軍是一個歷史久遠而又具有浪漫色彩

的軍種。船艦們一出海，常常就是出國，所以海軍軍官必須會講英語，還要懂得國際禮儀，把自己培養成注重榮譽、風度翩翩的紳士。航海生活情況複雜，起伏很大。風平浪靜時，海天一線開闊而寂寞。狂風巨浪來襲時，又艱辛勞苦，隨時都有生命危險，必須上下一心、同舟共濟。長期生存於這樣的環境，飽經歷練的海軍官兵們顯得特別老練、開朗、洋派；而又彼此十分關心、團結合作，階級間的區分也不如陸軍那麼嚴肅。我聽老水手跟我說，有一次他們出海十幾天了，淡水開始管制，大家都髒得受不了。後來航行中遇到大雨，全艦都脫光了衣服擁上甲板洗澡，軍官在船頭、小兵在船尾，又叫又跳痛快淋漓。我想，這也算是一小段海上豪情吧？

四海一家是實踐海軍「傳統禮儀」的重要場所，將軍們在這裡接待國際訪客，軍官們在這裡舉辦舞會，更多的海軍官兵在這裡結婚、娶新娘子。小時候跟大人到四海一家喝喜酒，非常欣賞婚禮結束時，軍人們搭建軍刀拱門的儀式。搭「軍刀拱門」是一項英美的傳統，婚禮結束時，只有新婚夫婦被允許穿越由全副軍裝的戰友們揮刀搭起的軍刀拱門，還附帶許多象徵性的溫暖小規矩。美國任何軍種的軍人結婚都搭建軍刀拱門，台灣好像只有海軍和陸戰隊才有這種儀式。

8-2 中山堂電影院

說起左營中山堂，年級稍微大一點的左營人都對它充滿了感情，懷念不已。因為我們都是在它身旁長大的，幾乎人人都有在售票口排隊幾個小時等買票的經驗。小時候最重要的娛樂是看電影，而中山堂就是一家又近、又好、又便宜的電影院。每次放映電影時都是人潮洶湧，遇到了有名氣的經典電影更是大排長龍、一票難求。當年美崙美奐的中山堂，電影票價分為樓上、樓下兩種。樓下一塊錢，樓上一塊五毛錢，雖然價格相差不大，除非不得已我們也不願意買樓上的票，省下五毛錢就足夠我們寄存腳踏車或買零食了。

中山堂雖然放映的都是幾個月以前的二輪影片，但這並沒有什麼差別，時間慢一點，剛好讓中山堂挑選最好的片子，反正我們都沒看過。海軍對電影院的管理很嚴格，不許觀眾穿拖鞋或是汗衫入場，進場時還有憲兵在門口盯著。聽說以前還有一個荷蘭人「劉大鼻子」，擔任中山堂的管理工作，是調皮小孩子的剋星。好在我家搬到左營時他已經退伍了。中山堂每場電影都例行放兩首歌，國歌和海軍軍歌，時間一久人人都會唱海軍軍歌了。

中山堂放映過許多好片子，像《維也納少年合唱團》、《春江花月夜》、《吾愛吾師》、《真善美》、《007情報員》、《萬世英雄》等，都是當年最好的電影。國產電影《養鴨人家》、《人之初》、《寶蓮燈》、《秦香蓮》等也在這裡放映過。當然啦，軍方電影院一定會多放一些美國戰爭片和有關海軍的電影，像《錦城春色》、《桂河大橋》、《碧血長天》、《最長的一日》、《視死如歸》、《血戰硫磺島》、《瓜島浴血戰》、《六壯士》、《第三集中營》、《大逃亡》……等，好多好多戰爭片，我都是在中山堂看的。

中山堂的院子有兩個門，一個面向軍區，有衛兵把守，只有軍人和軍眷可以進入。另一個門面對街道，市

海軍中山堂電影院

民可以自由出入。街道這邊一出門，就是俗稱「上海街」的商業區。街道上滿是腳踏車和身穿各式各樣軍服的軍人。先有連續十來個水果攤，賣刨冰、水果和果汁。水果攤的小姐工作很賣力，一看見軍人經過就一直喊：「來哦，來哦，來吃冰哦！」

調皮的小兵們回應她們說：「阿兵哥沒錢啦！」

小姐們繼續拉客：「不對啦！阿兵哥，錢多多！」一搭一唱，大家都很開心。

我從來沒有光顧過這些水果攤，連一次也沒有。我們感興趣的是水果攤旁邊打「哦練」（黑輪的台語發音，一種魚丸之類的食物）的小攤子，五毛錢可以在那個小機器上打三顆鋼珠，鋼珠彈出來以後，滾到正確的位置就可以吃到大支的「哦練」，滾不到，只好再掏錢買嘍。口袋沒錢，還可以跟老闆要碗煮「哦練」的湯喝。

上海街不寬，沿街店鋪林立，有小吃店、麵館、西藥房、書店、軍品店、皮鞋店、百貨店、玩具店、照相館等好多種商店，老闆們都把他們的商品滿滿的掛、堆在門口。星期假日顧客們摩肩擦踵、川流不息，時而看看、吃吃，品頭論足、討價還價，喧譁而熱鬧。

這條街上有一種商店，是別的地方都沒有的「軍艦模型材料店」。這種店生意很好，他們不賣軍艦模型，而是專門賣製作模型的各種材料。用整條香煙包裝的厚紙盒為艙房底材，製作軍艦模型是左營海軍軍官、士兵和海軍子弟們共同的嗜好。特別是海軍艦艇兵，每當他們要退伍的時候，都很熱衷親手做一艘自己軍艦的模型帶回家當紀念。這種商店就是專門供應木製船體、小型的塑膠欄杆、桅杆、海錨、雷達、深水炸彈、珠子、亮片……等等各種配件和膠水、剪子、刀子等工具的地方。店家還有電動噴漆設備，你做好了模型，可以拿到他們那裡噴上灰色的油漆，或是裝個玻璃框子。模型材料店出售的木頭船身完全是手工製作，每一艘都不完全一樣。電影開場前後，我們會在一旁看老闆做船身，他在一塊長方形的木塊上畫幾條線，拿起斧頭劈尖了船頭部分，再用小鉋子鉋光，就做成一個漂亮的船體了，整個製作過程只需要十來分鐘。

8-3 中正堂電影院

中正堂是軍區裡面第二個電影院，興建於民國五十一年，開業時有三天免費電影可看。中山堂和中正堂都是電影院，但是各有自己的特色。中正堂興建時間晚，感覺上比較新潮，距離我家又比較近，所以我比較喜歡到中正堂去看電影。中正堂的位置就在軍港正後方的小丘上面，艦艇上的官兵散散步，走路約十分鐘就到了。它的位置深入軍區的內部，附近全是軍事單位和眷村，因此沒有中山堂旁邊熱鬧的商業街道。中正堂設施方面比中山堂多了軍官和士官俱樂部，有彈子房和咖啡廳等附屬功能。中正堂建成後，又在旁邊加建一個溜冰場和籃球場，服務的對象主要是艦艇官兵，總名稱叫做海軍文康中心。

中正堂曾經放映過許多膾炙人口的電影，其中《梁祝》就是當年最轟動的一部。

8-4 「梁祝」盛況

那年，一部突然走紅的電影，變成了報紙上的新聞。人們瘋狂的程度，看在我這個初一小男生眼裡，總覺得不太理解。香港邵氏公司由凌波反串小生扮演梁山伯，由樂蒂扮演祝英台的《梁山伯與祝英台》電影，在台北上映的時候，突然票房直線上升，大大走紅。根據報紙報導，這部黃梅調愛情片盛況空前，風靡了整個台北市，尤其是婆婆媽媽最為瘋狂，好多人每天一早就帶著飯

海軍中正堂電影院

盒、手帕去電影院，一場接一場地看，直到晚場結束才帶著哭紅的雙眼回家。當時看了十遍、二十遍的人，都算不上「死忠」的影迷，因為真正癡情的影迷已經累計看過一百多場了。如此發燒的新聞，終於轟動了全台灣，各地觀眾都引頸以待，等著台北下片後，在自己城市看個究竟。無奈那年頭電影拷貝有限，做不到全台同步放映，只能一個城市、一個城市地輪流公演。問題是電影實在太叫座，久久不能下片，其它城市只好耐心地乾等著。結果，各地等待的情況，又成了報紙炒作的話題。

電影《梁山伯與祝英台》最後終於來到了左營中正堂，大家也學台北人的樣子，漏夜去排隊買票，從電影院門口排隊到一、二公里遠，還「趕時髦」地一連看它好多遍。我這個初一小男生，竟然也糊裡糊塗跟著潮流看了三遍。

電影紅了，影星凌波當然更紅了。打鐵趁熱，凌波隨即跟邵氏公司代表團來台參加金馬獎活動。面對這股「凌波旋風」，政府單位煞費腦筋。新聞局還特別商借一輛一九六三年份全新的奶油色敞篷車供凌波乘坐，讓觀眾近距離一睹「梁兄哥」的風采。敞篷車從松山機場行經敦化北路、南京東路、中山北路前往圓山飯店，台北市萬人空巷，大批影迷夾道歡迎他們心目中的偶像。凌波小姐沿途向影迷揮手，好像英雄凱旋似的。後來新聞報導，當天沿路歡迎凌波的民眾至少有二十萬人，香港媒體因此發出譏諷說：「台北人簡直瘋了！」（附記：一九七三年功夫明星李小龍在香港去世，香港人全城出動為李小龍送葬，情況也差不多。）

電影風靡了好幾個月，總算下片到偏遠電影院去了，但《梁山伯與祝英台》的電影插曲，像：遠山含笑、草橋結拜、十八相送、樓台會……等，卻仍然透過廣播，鋪天蓋地籠罩全島。不誇張的跟你說，那時家家戶戶的收音機幾乎都同時在播放同一個電台（中廣？）的梁祝歌曲，中午放學時我可以從村頭走到村尾，一棟房子一棟房子的接著聽過去，保證不會中斷，家家戶戶的收音機都正在合作進行「梁祝插曲接力」呢！

8-5 滄海桑田

歲月無情、時代變遷。幾十年以後四海一家、中山堂、中正堂都式微了。

台灣經濟發達以後，人們可選擇的宴會地點愈來愈多，四海一家雖然還在營業，可是已經淪落為提供餐飲、住宿的一般招待所，而不像當年那樣作為展示海軍傳統禮儀的場所。

另外，中山堂、中正堂已經手牽著手雙雙「嗝屁」，停止營業了。

中山堂，民國四十年開業，民國九十八年停止營業，得年五十八。

中正堂，民國五十一年開業，民國一〇一年停止營業，得年五十。

中山堂、中正堂的歇業，不是他們本身的管理問題，而是時代變遷的必然結果。電影作品、技術還在繼續成長進步之中，但是電視、電腦、網路、手機等傳播方式的多樣化，已經徹底摧毀了傳統的「電影院」行業。兩家電影院走過半個世紀的繁華與輝煌，雖然最後關燈息影，但是它們的歷史貢獻和在左營人心目中的地位，卻依然鮮活亮麗。相信每個人對於它們的回憶，總有道不盡的故事。

我在網上看到一位已經當了媽媽的「前」左營姑娘，回娘家時發現中山堂停業了，感嘆地說：「什麼？關門了！我怎麼不知道？」怪了，聽她口氣好像人家停止營業，還得通知她似的。其實，我跟她一樣，離開左營多年，對於軍區和眷村的劇烈變化都不夠清楚，也感到十分驚訝、心疼。「我的」左營，已經不是從前那個樣子了。

靜下心來仔細想想，其實我們真正面對的，不是多變的外在環境，而是自己內心裡的「記憶」。我們的記憶裡都存在著一些「永難磨滅」的形象與感情，而寄託感情的根源，那些我們認為永遠不變的事物卻不見了，怎不叫人產生無限的惆悵和懷念呢？年齡大了一點，有幸在若干年後再次走訪許多曾經駐足過的地方，像紐約時代廣場、德州達拉斯、加拿大蒙特婁、溫哥華、台北西門町等，都發生過十分劇烈的變化。這樣說來，高雄壽山、鹽埕區、碼頭工會、鳳山眷區、左營眷村、海青中學、海軍軍區的變化，也就不足為奇了。

一時興起，寫首打油詩玩玩：

「少年左營軍區駐，中山中正兩頭忙，如今兩院都歇業，願留回憶在心中。」

8-6 電影《最長的一日》

說起電影，軍人的孩子都愛看戰爭片。讀初一那年，我最欣賞的電影，不是《梁山伯與祝英台》，而是另一部好萊塢經典名片《最長的一日》。

《最長的一日》拍攝於民國五十一年，我們無緣在第一時間看到這部電影，直到第二年才看到這部描寫盟軍登陸諾曼第的經典電影，剛好給了我足夠的時間先把電影的原作看完。

話說這部電影一經開拍，還在做宣傳的時候，海軍陸戰隊就將柯奈留思・萊恩（Cornelius Ryan，一九二〇－一九七四）的同名原著給翻譯成了中文，免費分發給全體官兵。當時《最長的一日》這本書幾乎是隨手可得，我家就有兩本。鄰居也是每家都有，他們都是陸戰隊軍官，陸戰隊司令希望他們對這次戰役好好研究一番，作為將來反攻登陸作戰的參考。我剛剛拿起這本書來看的時候，覺得很「不好看」，因為外國人的思維方式和翻譯文字我都不習慣，看起來滿吃力的。後來總算看完了全書，接著看了第二遍、第三遍，才慢慢看出了味道。看熟了原著，剛好電影也上映了。如果沒有記錯的話，當年《最長的一日》電影是在中山堂放映的。

從各個角度看，片長三個小時的《最長的一日》，絕對是一部忠於原著的了不起電影。它是當年美國電影史上製作規模最大的一部戰爭片，場面平實又逼真，故意用黑白片來強調影片的歷史性。該片演員陣容空前浩大，幾乎網羅了當時所有歐美著名的演員。

電影上映之初，海青的同學們人人傳頌，口沫橫飛、津津有味地談論電影的細節。我因為仔細看過原著，儼然成為這部影片的專家，對影片多演了什麼，又刪除了什麼，如數家珍。從第一次看這部電影之後，我就喜歡上了這部電影，後來還買了光碟珍藏起來，以後每隔幾年想起它來，我都會再看一遍。

二〇一三年為了訓練公司市場部同事的企劃能力，我選定「諾曼底登陸」這一題材，要大家研究這次人類有史以來最大規模的兩棲登陸行動（霸王行動）。我們用市場學的角度，從諾曼底戰役的二戰背景、決策過程、戰前準備、欺敵作業、登陸作戰、後續戰役、德軍反攻等等，直到盟軍攻陷了巴黎為止，做了全面而詳細的分析與商業應用研究。我們每週討論三小時，足足花了三多個月時間。研究結果，大家都對一個「商業需要」的策劃到實施的全過程都有了比較深入的認識。

研究過程中我在想，電影《最長的一日》所記述的只是登陸日當天的所有事實，並不能深入說明諾曼底戰役的前因後果，那我又為什麼又特別喜歡這部電影呢？反覆檢查一下，我發現最吸引我的片段，是每一個戰鬥單位接到出發命令時的「立即反應」。那種男子漢們蓄勢爆發時的齊心協力、專心致志、不畏挑戰的氣魄，永遠會讓我激動。常聽別人說，眷村子弟受父兄影響，都沾染了一些「軍人氣質」。我猜想，所謂的軍人氣質，大概是一種不畏艱難，決心達成任務的精神吧？我們這些在軍區裡長大的孩子，的確耳濡目染地受到強烈影響。

初中一年級在最好的班上，天之驕子似的度過了平靜的一年。誰又知道，就在同一個學校，還有另一種截然不同的生活在等待著我呢！

9 全費生

9-1 全費生

南台灣炎熱的夏季剛要過去，暑假結束了，學生們如約返回校園。

二年級開學前最重要的事情，就是到佈告欄去看看最新的編班結果。在沒有任何心裡準備的情形下，我發現我居然被編到了二年「丙班」，而且交學費的標準也從「免費」變成了「全費」。剛剛看到佈告時心裡頗為震動，傻傻的愣在那兒。不相信，也不明白這種事情是怎麼發生的。在我看來，我在一年甲班的表現雖不算突出，但總能維持中等水準。一年下來，沒想到我在整個年級的排名中，居然一下子連掉兩級，沒有經過「半費」緩衝，直接摔進「全費」行列，實在讓人措手不及。

回家後我怯生生地把交費單拿給媽媽，媽媽不開心地嘟囔了幾句，好在爸爸不在家，等他從部隊回來時，學費已經交完了，他也沒再多說什麼。最受不了的是排隊交學費那天，碰到了小學同班的林厚英那小子，他看我手裡拿著一大疊鈔票準備交學費，故意大驚小怪地嚷嚷：「哇！這麼多鈔票，快來看！快來看啊！」糗得我臉紅脖子粗的，真想兜頭給他一拳。那年頭新台幣只有面值十元的鈔票，八百多元全費學費抓在手上，確實是厚厚一大疊。林厚英小學時坐在我旁邊，成績和我不相上下。這傢伙去年進海青的時候考取半費生，讀的是乙班，今年沒變，還是乙班。他看我從甲班直接掉到了丙班，幸災樂禍得好像中了大獎似的。噁心，簡直太噁心了！

這次編班，甲班有三分之二學生分別給降級到乙、丙、丁各班。我後來看了一下教務處公佈的全校學生排名表，才知道我排在全費生的前幾名，總平均只差零點幾分就是半費生。「大意失荊州」，只怪我考進甲班以後，懵懵懂懂地以為天下大勢已定、穩坐泰山，而不知道乙、丙、丁各班同學中不少去年入學考試時失利的豪傑們，經過一年的努力，現在已經追上前來。

9-2 丙班風情

暑假裡，學校在面對必勝路的圍牆邊上興建了一排全新的鋼筋水泥二層樓教室，從此海青中學漸漸脫離老舊的木造教室。新教室樓上是女生班，樓下是男生教室。二年丙班的教室，是新建樓房的最後一間。再往後走，另外一個建築物是洗手台和廁所。

一進丙班教室，我就發現這裡的「景觀」和甲班大不一樣。丙班的特色是噪音多、花樣多，而課間休息時也沒有人看書或討論功課。然而，丙班卻瀰漫著一種「快樂」的氣氛，大家膽子都特別大，帶有幾分豪邁的「江湖」氣息，不像甲班什麼事情都正經八百地「按規定」來，好像奉公守法的公務員。

海青中學每天上完最後一節課，放學以前固定有一段「勞動服務」的時間。這段時間本來的目的是要學生們清掃教室，或是在公共區域清掃樹葉。以前在甲班的時候，同學們基本上會按班長的安排輪流去工作。丙班就不同了，除了少數幾個老實人以外，其他人幾乎都是我行我素、各玩各的。任憑班長怎麼生氣、哀求，大家都是「有聽沒有見」，沒什麼人認真去「勞動」。大約一小時的勞動服務時間，其實就是丙班在校園裡面遊蕩瞎混的時光。二年級時，多數日子我們都是在追逐打鬧，到了三年級花樣就很多了，打芒果、打桂圓、打籃球、乒乓球、下象棋、五子棋、看女生，都讓大家忙得很帶勁。

還有，每週兩堂沒有老師坐鎮的「自習課」，丙班也很少人做功課，都是幾個人圍在一塊兒天南地北地聊天。聊天的第一話題永遠是中山堂、中正堂最近的電影。不論是戰爭片、武俠片、西部片、滑稽片、還是文藝片，看過的人都搶著發言，讓沒看過的人流口水。第二話題是眷村裡每個角落的動態，特別是哪個村子又組了什麼幫派，誰又跟誰打架之類的消息。第三個話題是海軍子弟專有的，關於軍艦的型號、戰力、動向和海戰戰史的話題。大家對這個話題雖然很有興趣，但是誰要講得頭頭是道，還必須有豐富的海軍常識才行。通常這類話題的專家，爸爸不是艦長就是輪機長，我們陸戰隊的子弟只有聽的份。我們班有些同學的爸爸曾經去美國「接艦」，也就是到美國去接收美援軍艦和操作訓練，訓練完了再把船開回來。他們家裡都珍藏有漂亮的美國海軍軍艦畫冊，也都帶來學校在自習課時展示。海闊天空的聊天之間，我發現同學梁治（用山東音讀作「亮記」）的爸爸曾經率領雅龍號軍艦，在大陳島撤退前的鯁門海戰中以寡擊眾，戰果輝煌；是海軍第二個青天白日勳章的得主。去年在甲班大講陸戰隊演習的彭群，今年跟我同樣也降到丙班，他繼續在二年丙班發表關於陸戰隊的各種消息。

初三的時候我們又新增了第四個話題，是某某女生怎麼樣，家住哪裡，小學時和誰同過班之類的內容。總之，自習課在甲班是溫習功課的時間，在丙班卻是「說話課」，人人都眉飛色舞地談天說地。有時候大家聊得興起，聲音太大了，隔壁班老師還會過來敲敲講台，要大家安靜些。

丙班調皮的學生也比甲班多，還有幾個職業玩家，腦袋裡整天想的都是搗蛋、作壞事，屬於「小太保」之流。「太保」是古代官名，因為他們直接受命於皇帝，可以橫行霸道，所以台灣的不良少年也被稱為「太保」。不過，因為海青中學的特殊背景，校園內並沒有「校園霸凌」的惡勢力，原因是海青的學生之間都有以前同校、同班、現在鄰居，或是家長之間都認識的交叉關係，東拉西扯總多多少少有一些交情，所以不至於發生惡意欺負同學的現象。

9-3 新朋友

開學之初的混亂結束之後，開始了初二的生活，我慢慢結交了三個好朋友。

新認識了一個同學叫袁永璋。他出生於左營，外號「猿猴」，山東榮城人，家住西自助新村，爸爸是海軍總醫院的醫生。以前我沒跟他同過班，現在的座位也離得很遠，我們之所以玩在一道，完全是因為他生性和平，不愛和後排那些天不怕、地不怕的「武士」們瞎鬧，而總喜歡和我們前排小個子一起玩的關係。我覺得他很慧黠，很會講一些眷村專有的笑話。我們愈來愈熟，凡是不上課在校園裡遊蕩、嬉鬧的時候，我們都是一伙的。

從海青中學到港口，還有一段不算太短的路，騎腳踏車要二十分鐘。有時候，我們在教室裡安靜上課的當口，可以清清楚楚聽到港口軍艦發出來低沉有力的汽笛聲：「叭——，叭——」，表示有船要出港了，我們都習以為常。有天我跟猿猴到廁所去小便，忽然聽到後面上大號的地方，有人「叭——，叭——」地放了兩個又響又長的大屁。猿猴一聽，順口就大聲說：「哦唷，不知道哪條船要出港了！」他一說完，我們就偷笑著一溜煙地跑掉了，因為裡面的人萬一是個老師就不妙了。這是我們左營獨特的笑話，別的地方聽不到。

二丙第一任班長叫楊美福，外號「楊迷糊」，他家住東自助新村，每天騎個破腳踏車來回奔波，是個愛打籃球又好脾氣的精壯大個子。楊迷糊愛打籃球，但動作並不瀟灑利落，屬於「用力過度型」球員。有天我和猿猴在球場邊看同學們打球，看到楊迷糊跑前跑後弄得一身汗也沒什麼表現，隨口跟猿猴說：「如果他換雙鞋子，可能就好些了。」猿猴告訴我，說楊迷糊就只有一雙球鞋，他又愛打球，鞋子一脫臭氣熏天，每天一回家他媽就把他那雙鞋給扔到院子裡去，否則全家都受不了。

猿猴接著說：「所以，一到下雨天他們全家就慘了！」我們倆哈哈大笑。

另一個跟我交往愈來愈密切的同學是同村的王亞雄。我和王亞雄早就認識了，我們從小學到初二，每天放學都排同一個路隊回家。不過他住村頭、我住村尾，以前我們各有各的同伴，放學後沒有在一起玩。這次編班他也從乙班「淪落」到了丙班，我們成了同班同學。因為一個偶然的原因，才使我們的友誼更近了一步。

開學不久，我們前排幾個人忽然流行起用老師寫剩下來的粉筆頭，雕刻一些小玩意的遊戲，後來還有人用大塊的肥皂來雕刻。「小雕刻家」中間，我是個佼佼者，刻得又多又好。別人刻的是杯子，椅子等簡單造型，我刻的卻是手掌、小鳥、小人等造型。在大塊的肥皂上面，我甚至可以雕刻頭像等更複雜的東西。另外我還會用橡皮刻圖章，這刻圖章的本領是要把字反過來刻，印出來才是正面的字，我小學時候就會了。不久，雕刻之風也流行到了後排，放學時王亞雄特別跑過來問我這些東西是怎麼弄的，我們一邊聊一邊回家。沒想到王亞雄突然說他想到我家去看我怎麼刻，我就帶他回家了。到了我家他發現我媽要上班，不到下班時間不會回來，從此他就趁我家沒大人的時候經常來找我玩。我排行老大個性比較拘謹，很少主動往別人家跑。王亞雄卻不同，他排行老二比我開放多了，經常在別人家打轉。

王亞雄還有一個一年乙班的同村哥們叫楊崇相，山東人，個子高大壯碩，外號「楊胖」，今年他也從乙班淪落到了二年丁班。從此，放學時我和亞雄、楊胖自然而然形成了一個三人小組，每天放學都一起走路回家，直到初中畢業。

不過，我爸爸認識王亞雄，卻是從給他吃「閉門羹」開始的。

那天亞雄騎了輛腳踏車，想要約我去看電影。騎到我家，剛好碰到我爸從部隊回來，正在前院澆花。亞雄也沒下車，就靠在圍牆上從花磚的小洞裡怯生生地小聲問我爸：「駱雄華在不在家啊？」我爸瞄了他一眼，心裡不爽，理都沒理他。後來還是我發現了動靜，才出來跟亞雄講話。事後亞雄說「你爸架子好大哦」。我爸則跟我說你那同學不懂禮貌，不但沒下車、沒叫「駱伯伯」，甚至連臉都不敢露出來，誰理他？

從初中二年級開始，王亞雄就成了我家的常客。後來一直到高中、大學他都隨時來訪。大學時，我家搬到了台北。王亞雄那時讀海洋學院，全校都是不修邊幅的工科男生，生活特別單調。我讀東吳大學，是文科為主的學校，校園內五彩繽紛，多得是花枝招展的漂亮女生。還有，台北吸引人的大學生活動也比較多。於是每到星期五，他就從基隆跑來我家，廝混到星期天晚上才回基隆。我爸媽也從來沒當王亞雄是外人，永遠是吃、住雙免費。他到台北時，偶爾碰到我們全家都不在家，甚至還會翻牆進來，自己打開電唱機聽唱片、翻冰箱找吃的。星期天我有什麼活動，亞雄一律與我同行。我的同學、朋友他幾乎都認識，儼然成了我家的一份子。

這些年間，由於我和亞雄沒有間斷的交往，我們兩家人後來也相互熟悉起來，他的哥哥、弟弟，我的弟妹，我爸媽跟王伯伯、王媽媽他們漸漸都成了「自己人」。我爸從台北市政府退休以後，到果貿買了一間改建後的國民住宅，搬回左營去跟軍中老友們相聚。那幾年家裡有什麼事情，請在中鋼公司擔任高級工程師的亞雄去辦，他都盡心盡力地照做，就像替父母辦事情一樣。偶然間大家談到小時候我爸給他吃「閉門羹」的往事，大家都覺得溫暖有趣。

光陰似箭、日月如梭。我和亞雄、永璋、楊胖的友誼不經意間已經長達半個世紀。每個人的生命歷程，都留下了彼此珍貴的身影。

9-4 抽考第一名

度過最初兩週的混亂後，二年丙班的教學開始進入常軌。

海青中學不定時有國文、英文或數學科的「抽考」，考完了教務主任還會在升旗典禮時向全校公佈每班的平均分和那一班最高分的姓名。編班到了丙班，使我覺得很丟臉；「知恥近乎勇」，我變得用功多了。每次有抽考消息時，我都挺當一回事地用心準備一下。結果成績突飛猛進，二年級開學後的幾次抽考，公佈成績的時候，我都名列丙班第一。不久傳來馬路消息，甲班老同學告訴我，他們導師劉老師上課時說，以前甲班的學生只要用點功，三年級時回到甲班是輕而易舉的事。我聽了心想：「這還用說嗎？」結果事情的發展卻未如人願，我三年級時還是待在丙班。

9-5 新疆地圖

初二的時候仁華弟在子弟學校讀六年級，有一天他我要幫他畫一幅畫，我覺得滿奇怪的，他又不喜歡畫畫，找我幹嘛？原來他們老師在班上問誰會畫畫，希望有人能畫幾幅畫掛在教室後面的牆上，仁華就自告奮勇地舉手了。

我說：「好啊，你舉手你就自己畫吧。」

仁華回答得倒像個沒事人似的，他說：「我不會畫呀！」

我說：「不會畫，幹嘛舉手？」

他說：「你會呀！老師說自己不會畫找家裡人畫也可以。」

嘿！還有這種事？我做苦工給你撐面子？

仁華再三拜託，一直說：「我會跟他們講的啦！這是我哥畫的啦！」我才勉強同意。他還說只要我幫他畫畫，他願意給我一些橡皮筋做交換。但被我拒絕了，我們初二學生可不再玩什麼彈珠、橡皮筋之類小孩遊戲了。不但要畫，他還指定要把課本上的新疆地圖給放大起來。好在我喜歡畫畫，這在我來說並不是什麼真正的難事。於是到菜市場買了一張比較大的圖畫紙，幫他按照地理課本臨摹了一張新疆地圖。不過，一個可愛的星期天下午就這樣泡湯了。

9-6 呂傑三導師

二年丙班是全費班，大家成績不怎麼樣，連導師也不怎麼樣。我們的導師叫呂傑三，山東人，外號「呂瘸三」。他個子不高，鼻子卻很高，也有前幾屆的學生管他叫

「大鼻子」。呂瘸三是個缺乏教學熱情、懶懶散散的老師，總是把課本上的內容大致教一遍就算交差了，既不關心你懂不懂，也沒有任何輔助教材。去年他教一年甲班的「博物」課，那時候我就領教過他的懶散了。他每堂課只講半節課就叫你「自修」，不往下講了。海子、海青都是高雄名校，大部分老師教學都很認真，呂老師算是其中一個「另類」。

呂傑三教的是數學，他上課時教得很慢，二三年級基本上都是混過去的。呂老師上課時最喜歡的事不是教學，而是聽學生告狀，然後再做個糊塗判官，時間就被他這麼打發了過去。調皮的學生看出他喜歡「瞎扯淡」，正中下懷，總是在他問：「這兩天有什麼事？」的時候，提出莫名其妙的報告。

眼鏡翻戴的王勇義

有個姓郭的「皮蛋」舉手報告說：王勇義把眼鏡上下翻過來戴，害他老在想為什麼？以致不能專心上課。王勇義也是海軍子弟，不過他住在鳳山工協新村，每天搭軍車來回兩地，我在中正國小時就認識他了。

王勇義本來說話有一點結巴，但並不嚴重，如果慢慢說還算流暢。他心裡一急，就結巴得厲害了：「不……不是這樣的，是……是……是眼鏡行把我的鏡片左右裝、裝反了，所……所以我必須翻……翻過來，才能看……看……看得見黑板。」包括呂癟三在內，全班哄堂大笑。

呂癟三一邊笑，一邊叫他上台，給了他兩板子。

「就打你這個糊塗蟲！」呂癟三說。

王勇義一邊搓著手一邊走下台，嘴裡還嘟囔著：「倒霉，眼……眼……眼鏡行才是糊……糊塗蟲呢！」又引來一場大笑。

還有人告狀，說坐在後門口的扁三（李屏山）不規規矩矩地坐著，每天都把座位搬來搬去的，太不安分了。扁三是個住在合群新村的英俊小生，他可振振有詞了，立刻站起來分辯：「老師這不能怪我，你知道我們教室的方位不好，每天下午都有西曬，把我頭都曬昏了，所以我才必須向裡面挪一挪。」

呂癟三毫不同情他，說：「以後不許再挪了，曬太陽好，曬曬不長蟲子！」大家又笑得稀裡嘩啦地。

有一天，劉雄不知道犯了什麼規，給呂癟三叫上台要打他屁股。他上台前趕緊把手帕塞進左屁股口袋，又順手把旁邊阿強的皮夾子塞進右屁股口袋。呂癟三叫劉雄雙手扶著講台，正準備給他幾板子的時候，突然感覺有點不對勁，於是停下手，說：「來、來，把屁股口袋的東西都拿出來！」劉雄不得已只得把手帕和皮夾子都掏了出來。

呂瘸三看到了皮夾子，說：「你還有皮夾子，挺闊氣的嘛！來，讓我們看看裡面都裝了些什麼？」說著說著，就打開了阿強的皮夾子。

眾目睽睽之下，呂瘸三從皮夾內抽出了一張小紙片。哎呀，不得了！那是一張外國女人的半身裸照！好傢伙，又加了一個「色情狂」的罪名，劉雄這下子可慘了，「偷雞不成蝕把米」，他多挨了三板子。這一幕把大家都笑歪了，其中阿強笑得最爽！要命的是，下課後阿強還嬉皮笑臉地湊過去跟劉雄講：「早就想收拾你了，想不到讓呂瘸三給搶先一步。」害劉雄大把的眼淚，只能往肚子裡流。

另一次，呂瘸三上課的時候，一邊繼續他的「聽訟斷案」娛樂，一邊兩手無聊地整理講台上的數學作業本。他連續幾次隨手拿個十本、二十本作業本，把它們敲敲平，再放回去，敲的時候作業本的背面是面對學生的。就在他又拿起一疊作業本來「敲」的時候，全班同學似乎突然發現了什麼，嘻嘻哈哈地笑了起來。呂瘸三翻過手上那疊作業本來一看，原來這疊作業本最後一本的背面，已經被某個學生畫得亂七八糟了。不用問，全班同學和呂老師都知道那一定是我的傑作。呂瘸三把我叫上台，忍住笑給了我兩板子，理由是「破壞整潔」。

「冤、冤枉啊！」

整個學年呂癟三就這樣在嬉鬧中帶領著我們這一班，亞雄他媽媽說這簡直是誤人子弟。

9-7 翟森林老師

同樣是海青教數學的老師，翟森林老師的態度、能力和境界就完全不一樣了。翟老師外號「翟老虎」，簡稱「翟炮」或「老炮」，是那個時代左營真正的「風雲人物」。

說到「翟老虎」先不要說數學，要講講他的威風。

翟老虎是個大胖子，威名遠播。他威震八方的盛名，是因為他常年擔任海青中學加子弟小學的訓導主任，全校最頑劣的「小太保」他都鎮壓得住，「民間」流傳他的事可不少。平常時候，正玩鬧的孩子們如果聽到有人喊一聲：「翟炮來了！」大家一定做鳥獸散，逃之夭夭。上學、放學，或是課間巡邏的時候，翟炮看到了不守秩序的學生，只要臉色一板，來個洪鐘一般的虎嘯：「這是哪一個？」還不待出手打人，場面立刻就會安靜下來。小學部的學生被他一嚇，甚至還會兩腿發抖。亞雄說他小學時到校門口去歡迎蔣夫人，因為隊伍沒排好，就被翟炮嚇過，尿都要流出來了。

左營軍區的中心位置，高高聳立著軍區的地標——海軍忠烈將士紀念塔。紀念塔的背面牆壁上鑲嵌著許多面銅版，貼滿了整個牆面。銅版上面刻著歷次海戰中為國犧牲海軍將士的階級和姓名。不過最後幾面銅版是空白的，還沒刻上字，預留為以後發生海戰時才用。調皮的學生在紀念塔下面等軍車的空閒時刻，就在銅版的空白處用小刀把「翟森林」三個字也刻了上去。小學時聽說有這種事情以後，我們幾個小傢伙還專程騎腳踏車去紀念塔後面看過一次。就「純技術」角度來看，我覺得「翟森林」三個字刻得不太好，歪歪斜斜地，既不工整也不夠深。

我初二掉進丙班以後，媽媽就四處打聽，希望幫我找個好老師去補習。有人告訴她說翟老師數學教得很棒，他有個補習班，可以試試。我媽就把我給送過去補習了。翟老師在學校附近西自助眷村租了一間房子當作補習班，教室緊挨著陸戰隊司令部，每週兩個晚上給我們補習。呂癟三數學教得很差勁，我的初中數學要不是在翟炮那裡補習，恐怕就要變成空白了。

翟老虎表面上雖然很兇，其實他心地很好，是典型的「面惡心善」型人物。他上課的時候很幽默，絕對沒有訓導主任那種兇巴巴的架勢，我上他的課覺得很享受。他不但教我們數學，還跟我們講很多故事，包括他小時候在山東第一次坐火車的趣事等等。在翟炮補習班讀了一陣子以後，我不但不怕他了，還覺得他滿可親的。回憶往事挺有意思的，海青那麼多值得尊敬的老師中間，我還是最喜歡翟森林老師，而翟老師卻不是我的正式老師。

二、三年級我都在他那裡補習，他那邊學生以丙班和丁班的人居多，還有一兩個八中的學生。甲班學生都不來補習，因為翟老師在學校裡教的就是甲班。受我的影響，猿猴、亞雄、楊胖後來也都成了翟炮補習班的學生。冬天夜裡，我、亞雄、楊胖三個人補習下了課，從勵志新村漫步走回果貿。快到村口的時候，遠遠聞到油炸臭豆腐的香味，口水都流出來了。大家趕緊湊錢，看能不能合買一盤沾著生辣椒的油炸臭豆腐來吃。

翟炮教代數，用濃濃的山東腔背公式是「天下一絕」。他在台上念，要我們在台下也跟著念，我們就學他的山東腔大聲地複誦著：「ａ加ｂ括號的平方，等了ａ方，加２ａｂ，加ｂ方……」。上完翟炮的課，不但背熟了數學公式，順帶也學會了說山東話。他還跟我們說等號兩邊的數值是相等的，所以分子、分母交叉相乘的結果還是一樣的，就像：「翟老師，胖胖地，向前走是胖胖地，向後走……還是胖胖地！」他一邊講解，還一邊把他那壯碩肥胖的身子向前、向後地挪個幾步，搞笑呆了。我覺得翟炮的外形很有特色，要替他畫個全身像其實很簡單，只要先畫個英文的大寫字母「Ｂ」，然後再加幾筆就ＯＫ了。亞雄要我畫給他看看，我就示範了一下，亞雄興致勃勃地照著畫，很快就學會了。還有，一天猿猴跟我說，翟炮那麼胖，可能不是山東人，而是伊朗人。我聽不懂，問他為什麼？猿猴說：「只有伊朗人才有那麼多『油』啊！」笑死我了。

我在翟炮的補習班裡算得上是個好學生了，每堂課都準時上課，從來不缺課，補習費也都「按時」交。由於我在補習班的表現不錯，所以他對我印象也挺好的。有次翟炮在校園裡逮到一個在防空洞邊跳上跳下的學生，一看他制服上繡的名字是「駱仁華」，就問他：「駱雄華是你什麼人啊？」

「是我哥。」仁華回答。

翟炮發現他是我老弟，就放了他一馬。說：「你哥不錯哦，去吧！以後別調皮了。」無意間我還救過老弟一次呢！

翟炮補習班每人每月的補習費是五十元，對只有幾百塊錢月薪的眷村家庭來說是一筆不算小的開銷，所以學生們交補習費的時候總有點拖拖拉拉，並不準時交費。翟炮也瞭解學生家庭的

翟老師素描畫

經濟情況，對學生們交補習費的事情不是很計較。學生交了補習費，他就隨手登記一下，好幾個月才會念一念沒交費學生的名單。但是他催得不是很急，只要願意來上課，他決不至於把沒交補習費的學生趕出去。

初二暑假沒事，我三天兩頭騎車到中正堂看電影，電影票雖然漲了五毛錢，樓下一塊五毛，樓上兩塊錢，但還是很便宜。有一天又想去看電影，但身上一毛錢也沒有，想了半天，突然發現書包裡還有五十塊補習費沒交，我就拿出來挪用了。結果，那個月的補習費最後也沒還出來。整個兩年補習期間，我可能有兩到三次漏繳記錄，老炮都沒有發現，挪用的補習費大部分都送進了中山堂或中正堂電影院去了。

都幾十年過去了，有一次跟亞雄聊起小時候挪用翟炮補習費的事情，亞雄竟說當年他也幹過這種「勾當」。好玩的是，小時候我們誰也沒告訴過誰。亞雄說他現在還畫得出翟炮的樣子，隨手拿根筆就畫了起來。我一看，哈哈！他勾畫出來的那幾根線條，還是初中時候我教他的呢！

9-8 内心的喜悅

有天中午上學，進了校門以後，我循著每天前往教室的路線，一個人慢慢走在陽光普照、綠樹成蔭的校園裡。

不知怎的，我心中忽然產生了一種「幸福」的感覺。我看看自己，手腳都好好的，身體健康沒有毛病，腦子裡也沒有任何煩惱。就在我這麼想的時候，一種無法形容的強烈「喜悅感」突然從天而降、籠罩全身，足有十秒鐘之久。很多年以後，信了耶穌才知道基督教稱這種情況為「聖靈充滿」。但初二那年我離開鳳山的教會已經三年了，教會的事情已經忘得乾乾淨淨，為什麼還會發生這樣的事情呢？我一向對靈異的事情不熱衷，這件奧秘的事情也從來沒有得到過合理解釋，但這十秒鐘奇妙的經驗，卻深深鐫刻進了記憶之中。哈利路亞！

9-9 生死危「機」

「鈴——！」

有天爸爸回到家裡才一會兒，我家那個沒什麼人用的軍用電話突然響起，我爸趕緊接過來聽，接著我就聽到他說：「什麼！哎呀呀……！怎麼會這樣……？」

「……」我沒聽到對方的回答。

我爸接著問：「是怎麼樣處理的？」

「……」還是沒有聽到對方說了些什麼。

「哦……，哦！好，我知道了。」我爸回應。

簡單對話以後，我爸就把電話掛了。

我爸掛了電話，不用開口，光看他的表情就知道部隊出了什麼不好的事情了。我爸的那天的表情很凝重，行動也挺怪異的。他看看我們兄弟正在大口吃晚飯，竟跑過來無限深情地摸了摸我和弟弟的頭，然後一晚上幾乎沒說話，家裡氣氛出奇地沉悶。

過了一陣子我爸才跟我說起上次接電話的事，我聽了也倒抽一口冷氣。

原來那天我爸是從演習場回來的，當天陸戰隊在某地進行一次普通規模的演習。我爸原定演習結束後，要坐陸戰隊那種單螺旋槳的偵察飛機回左營的，上飛機前他正跟另一位同事講工作計劃，講到一半。那位同事說乾脆你坐我的吉普車回左營吧，我們一路上還可以繼續討論，我爸就答應了。旁邊一位伯伯聽到了他們的對話，跟我爸說：「老駱，你不坐飛機那我去坐好嗎？」我爸當然沒意見。

想不到，兩架偵察機回程時遇到強烈氣流，下面的一架飛機突然上揚撞到了上面的飛機，兩架小飛機一架摔傷，一架墜毀。而那位伯伯就坐在墜毀的飛機裡面，連飛行員在內一共四個人不幸全部都罹難了。

我父親投身軍旅以後，從大陸到台灣，一路走來遭遇過好幾次生死一髮的劫難，都與死神擦肩而過。而這一次他走到死亡邊緣，竟然發生在我記事以後的日常生活當中，真令人不寒而慄。

幾年以後，我父親退伍轉業到台北市政府工作。六十五歲退休之後一度搬回左營，與老袍澤們打麻將，結伴一年一站地環遊世界。後來到加拿大跟我同住了五年，二〇〇六年壽終正寢於浙江老家，享年八十五歲。老人家前半生顛沛流離，後半生安祥舒適。最終子孫滿堂、落葉歸根，一生了無遺憾，特此紀念。

9-10 麻煩的同學

丙班雖然調皮的學生比較多，但我們前排的小個子卻很安靜本分，大家都相安無事。小個子中間只有一個性格張揚，一天到晚喜歡惹是生非的，是一個叫王台生的傢伙。王台生不是海軍子弟，他父親是招商局的，住在西子灣那邊的招商局宿舍。王台生雖然整天無所事事、蠢蠢欲動，無奈他的條件不足，個子跟我一般高，不夠資格參加打架鬥毆的大場面。但他身體滿結實的，體力旺盛，總在尋找武力對抗的對象。最後他終於選上了我作他的「假想敵」，有事沒事老向我挑釁，想跟我別別苗頭。我雖然覺得他很煩、很討厭，但還算克制，總和他保持一定距離，避免局勢惡化至動手打架的程度，否則就中了他的詭計。

精力旺盛的初中男生課餘最流行的，是一種叫「開店」的團體遊戲。「開店」是技巧與體力兼備的推擠遊戲，包括了美式橄欖球、蒙古摔跤、日本相撲的各種

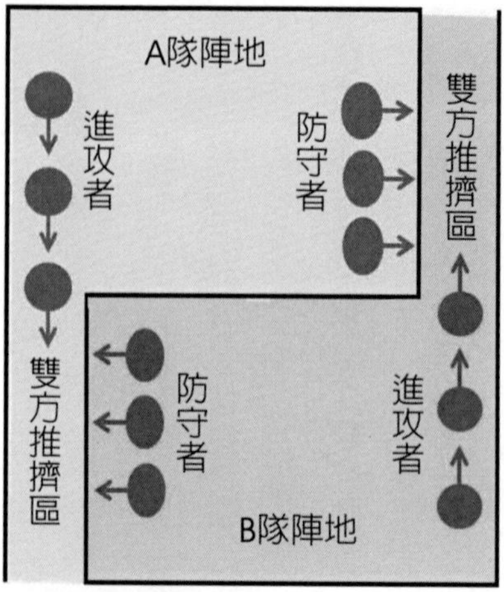

開店遊戲示意圖

「衝、撞、摔、擠」動作。玩的時候分成兩隊，雙方人數均等，多寡不拘。我們在地上畫出兩個對稱的方格和出口，雙方都有一個寬大的腹部和一個狹窄的出口，出口沿著對方腹部而行。比賽開始時，雙方隊員先集中在寬大安全的腹部，一部分隊員在安全區奮力阻擋對方衝出去，另一批人負責從狹窄的出口往外衝，衝出去多的那一隊獲勝。雙方身體可以接觸和衝撞，但絕不可跨線，比賽中任何人一跨線就被淘汰出局。兩方推擠拉扯中經常有撕破衣服或摔倒、擦破皮的情況。

我不喜歡王台生，玩「開店」遊戲時永遠不跟他同隊。我們相互推擠過很多次，但彼此誰都沒佔過上風。後來我覺得正面力敵不是辦法，一定要「智取」，趁他不注意的時候冷不防發動「奇襲」才能把他推出線外。有了這個想法以後，我就站在防衛線那邊等機會。機會很快就來了，我們這邊剛好有人往外衝，王台生揚手正想阻擋他時，「說時遲、那時快」，我突然跨前兩步衝向出口，猛然把他推倒在地。王台生摔了個「狗吃屎」還弄了一身泥巴。他平常跟我旗鼓相當，絕想不到會慘敗在我的手下，爬起來的時候一邊拍灰塵，還一直嘟囔著說：「怎麼會這樣？怎麼會這樣？」

經過這次較量以後，王台生知道我也不是好惹的，從此「天下太平、井水不犯河水」，他繼續騷擾別的矮個子去了。

10 讀者文摘

10-1 鋸水管

我們家從果貿三村的中央馬路算過來是第三排房子，這排房子優缺點兼備。缺點是後面鄰近公共廁所，臭氣難聞；優點是靠近廁所而後院空地比較寬大。老爸應對公共廁所之道，是在後院修建了一堵高高的圍牆，圍牆頂端高出公共廁所屋頂大約三十公分。老爸的法子果然有效，我們家後院雖然緊捱著公共廁所，但確實沒有受到臭味干擾。

另外，搬來果貿以前還聽說果貿的供水不正常，經常沒水用。我爸又想出一招，就是在後院加建了一個水塔，作為第二套供水系統。如果原來的供水系統有水，就直接打開水龍頭用水。如果水不夠用，就在晚上大家不用水的時候，打開水塔上的馬達抽水注滿水塔，以便白天有水可用。搬進果貿初期，真的經常沒有水用，我們家的水塔就派上了用場。不過，缺水最嚴重的時候，就是晚上也沒有水可以儲存，我和老弟只好越過馬路，到老果貿那邊去挑水。眷村的人就是這樣，老果貿那邊不管哪一家水龍頭有空，我們只要拎個水桶到他們家去接水就行了，不管認不認識，反正沒人會阻攔你。第二年，我們這半個村子的水管全部都接上了桃子園水庫的水源，總算一勞永逸地解決了用水問題，我家的水塔也失去了原先的作用。

二年級寒假裡有一個星期天，老爸給我一截鋼鋸，跟我說後面的水塔用不著了，他準備拆了它，希望我提前把下面連接水源的水管鋸斷，做一些準備工作。交代完畢，老爸就回部隊去了。

第二天下午，爸媽都不在家，老弟也不知道野到哪裡去了，我一個人拿起鋼鋸，開始幹活。開始的時候，一切都挺順的，鋼鋸在水管上刻出了痕跡，我一點一點的橫著往下鋸。就在剛剛鋸穿鐵管的瞬間，事情突然出現了意想不到的變化，一根冰冷的水柱噴了出來，弄得我一手一臉都是水。我心想：「管它的，再鋸幾下就斷了」，於是繼續往下鋸。想不到水勢愈來愈大，一會兒就把我連頭到腳都噴濕了。這時候水管才切了四分之一，我的工作信心和意願大受考驗，直覺的反應就是「冷死了，必須立即收工，我不幹了！」

台灣的冬天雖然溫暖，但偶爾幾天寒流來襲，還是會讓人冷得受不了。鋸水管那天，正趕上了這麼一個攝氏八度左右，叫人冷得直打哆嗦的「好日子」。在這種天氣裡把自己弄成一個全身發抖的落湯雞，絕對不是什麼開心的事兒。話說鋸了四分之一的鐵管還在使勁噴水，「船到江心難補漏」，事已至此，小傢伙掉進了前不著村、後不著店；叫天天不應、叫地地不靈的境地。我略微考慮了一會，漸漸一股不服輸的使命感油然而生。我擦了把臉，脫下濕衣服，換上乾夾克，把拉鍊拉到頂，下決心要繼續奮鬥下去。

心裡有了準備，事情似乎好辦了一些，我又開始在橫向四射的「冰水」中工作。隨著水管斷面愈來愈大，水勢也愈來愈強，後來還形成了一個像荷葉一般的圓形水面，把我整個人又給澆透了。我咬著牙，一邊告訴自己「事情一定會過去的」，腦筋裡想像著吃晚飯時溫暖的畫面，一邊撥開眼睛上的冷水，用凍得發紫的雙手繼續忍耐著往下鋸。一點一點地，最後終於艱難地把水管給鋸斷了。敲開水管的接觸面，水管出水口沒有了阻力，不再橫向四濺、難以駕馭，總算變成了一股向上噴出的美麗小噴泉。我找了一小截木頭，用菜刀把它削成一頭小、一頭大的圓形，再用碎布包個幾層，拿鐵鎚把它打進水管。水流在我一鎚一鎚的動作中愈來愈服貼，終於完全停止。哈哈！世界又恢復了應有的寧靜。

週末老爸從部隊回來，看了看我工作的成績，拍拍我的肩膀，說了句：「幹得不錯！」就算獎勵了。過了幾天，整個水塔就被他派人拆下來運走了。

老實講，當年物資缺乏，軍人的收入儘管微薄，但眷屬還有眷糧可領，誰家都不至於苦到餓肚皮的狀態。所以，小孩子除了被逼著讀書外，生活上其實並沒有嚐過什麼真正的痛苦。這次在寒冷天氣下泡了一個多小時冰水的經歷，就算是我少年時代最大的「災難」了。

10-2 打架之風

初二下學期以後，班上暴戾之氣頗重，動不動就有打架事件。事情愈演愈烈，後來發展成了每天的例行公事，天天都有大小不一的打架事件。精力旺盛的小少年們掙扎著長大，互相之間看不順眼，三句話不對就動起了拳頭。

那時候班上打架還有一些不成文的「江湖規矩」。大個子絕不會和一個小個子單挑，一身肌肉的壯漢也不會對弱不禁風的瘦子出手。同學間沒有特別欺負人的行為，實力不相當的人之間從來不打架。否則就是打贏了，不但班上「輿論」不會承認你是條好漢，說到別班去更「沒面子」。那時打架雙方基本上只是動動拳頭，沒有人會拿起桌椅板凳來亂砸，更沒有動棍子、刀子這類「欲致人於死地」的惡劣動作。

我們班上打架，通常是某一方先推了對方一把，說：「你什麼意思啊！」，對方再回推一把，打架就開始了。沒事的人看到好戲開鑼，都過來圍觀，一邊還跟著起鬨叫「加油」。於是你一拳、我一腳，打架雙方就更帶勁了。打不了幾回合，如果上課鈴響了，戰局就自動散了。結束時嘴裡還會嚷嚷一句：「下次你給我注意一點！」對方也會回叫：「你才給我注意一點！」其實注意些什麼？只有天知道。

有一次，王台生不知怎麼惹上了劉育坤，兩人互相叫罵了幾句。大伙趁機猛起鬨，要他們正式「決鬥」一下。

劉育坤身材中等，平時廢話不多，是我們班「儒俠型」人物。兩人經不起全班火上澆油、煽風點火的「盛情」，決定舉行一次正式比賽。劉、王二人相約中午休息時間，到教室背面的圍牆邊上好生比劃比劃。中午大家吃過了午飯，劉育坤和王台生相繼跳出窗子，在僻靜的圍牆邊擺開了美式拳擊的架勢，開始面對面地兜起圈子。全班同學都圍在窗戶邊觀看，沒有人到窗子外面去阻止他們，就像是買了票在觀眾席看拳擊賽一樣。

雙方開始出招。直拳、勾拳、飛踢、側踢、迴旋踢……，各憑本事。如果哪一招被對方漂亮地架開了，或是一拳打過去正中要害，全班都一陣叫好，報以熱烈掌聲。喧譁聲驚動了樓上的女生班，她們也紛紛從窗口探頭出來觀戰。

開戰不出幾分鐘，兩人一身是汗，體力漸漸不支，王台生挨了劉育坤幾記重拳後，明顯處於下風。就在此時，劉育坤一聲大吼，直直一拳蓋上了王台生的左眼，王

決鬥

台生登時哀嚎一聲捂著眼睛蹲到地上。樓上女生都嚇壞了，嬌滴滴的驚呼聲四起。

按照「江湖規矩」，如果對方不再反抗就算輸了，勝利方不應該趁人之危繼續攻擊。劉育坤收起架勢，在大家的掌聲中爬進窗子，我們班上最盛大一次的「決鬥」就此結束。我一向最討厭王台生，看他被劉育坤扁了，就好像是幫我教訓他一樣。心中直叫：「打得好啊！」給了劉育坤最熱烈的掌聲。王台生第二天帶了個「青眼」來上學，老師問他怎麼了？聽他支支吾吾地說不小心騎腳踏車撞到了柱子，讓我有一種「心花朵朵開」的快感。

班上天天有人打架，但前排卻很安靜，從來沒有人動武。受「班風」影響，漸漸我也想打一小架玩玩。問題是我也沒有什麼仇人，再說我的身材、體力也不是班上大部分人的對手，必須尋找合適的挑戰對象。我用慧眼挑來挑去，覺得隔壁座位的丁時南個子跟我差不多，應該是最合適的挑戰對象嘍。老丁能說會道，是陸戰隊戰車的專家，一年級跟我同班，也是從甲班流落至丙班的失意客。我找了個藉口跟丁時南發火，虛張聲勢地猛然站起來，把椅子往後一推，擺出打鬥的預備動作。萬萬沒想到，老丁膽子比我還小，他居然臉紅脖子粗地臨場退縮了，害我蠢蠢欲動的架也沒打成。就這樣，身在天天有人打架的環境裡，我卻從來沒跟人動過手。

又一次亞雄和「褚肥」打了一架，因為我和亞雄天天在一起，褚肥也對我不客氣起來。其實我跟褚肥小學時同班，以前還到過他內惟自強新村的家裡作功課、打軍用電話核對算術答案，彼此交情還不錯。他雖然因為亞雄的關係跟我吵了架，但他看我個子小，沒興趣和我動手。

初二下學期全班渾渾噩噩地打了一學期架，到了初三大家好像長大了些，打架事件才減少。

在我看來，當年我們班打架不是打假的，但也不能算是打真的，因為打完了就算了，很少有人再找幫手尋仇報復的事情。其實大家都沒有深仇大恨，只是那段時間打架是一種風氣、一種時髦情調，雙方不過是為了打架而打架，有點像是拳擊手例行的練拳運動。

10-3 陪我五十年的《讀者文摘》

美國《讀者文摘》雜誌（Reader's Digest），是一本家庭月刊，一九二二年由德惠特・華萊士（DeWitt Wallace）先生在美國創刊。它曾經是世界上最暢銷的雜誌之一。全盛時期每月以二十多種語言印刷，於全球六十多個國家發行，擁有一億多各種文化背景的忠實讀者。二十一世紀以後，曾經譽滿全球的《讀者文摘》雜誌，由於網路的興起和讀者群老化，面臨了嚴重的財政困難，美國總部於二〇〇九年八月開始接受「破產保護」。現在來談它，頗有一點緬懷「古羅馬光輝歲月」的意味。

《讀者文摘》國際中文版於民國五十四年三月創刊，香港、台灣同步發行。主編是林語堂的女兒——文學家林太乙。記得創刊號開始發售時，我念初二下學期。那天我和亞雄、猿猴一起到中山堂看電影，散場後我們到「上海街」冰果攤後面的書店隨便翻翻書，書店就掛出了好多本剛剛出版的《讀者文摘》創刊號。當時《讀者文摘》每本售價新台幣九元，應該是價格最昂貴的豪華雜誌了。雜誌新奇美麗的插畫當場觸動了我的神經，我決定咬咬牙買它一本來看看。口袋裡錢不夠，還和亞雄、猿猴他們借了幾塊錢才把它買下。想不到，從此《讀者文摘》就變成了我念念不忘的精神糧食，不經意之間，斷斷續續跟它維持了五十年的讀者關係。

初、高中時期零用錢不夠，差不多每三個月才能省點錢買一本。大學以後買雜誌的錢已經不是問題，每期一出刊我都自動掏腰包買它一本。算算日子，五十年之間，《讀者文摘》應該出版了六百多期月刊，而我至少也買了兩百五十期以上。就算每個月都看一本，也要連續看它二十多年呢！要不是因為有些地方買不到中文版《讀者文摘》，我一定還會買得更多。常年購買《讀者文摘》，我絕對是它的忠實讀者，但從來沒有成為它的訂戶，主要原因是他們要你一次付清十二期雜誌費，卻不給任何折扣，我覺得不合理。反正每月買一本也不算費事，就一直沒有訂閱。

《讀者文摘》幾十年來貫徹的編輯信條是精選好的文章，然後濃縮成十分簡潔的文字，這樣讀者就可以在較少的篇幅中讀到足夠多的好文章。雜誌按月選錄的好文章包羅萬有，涵蓋了人們生活的每一個領域。固定的專欄還包括了笑話、中英對照及書摘等等。

作為《讀者文摘》的常年讀者，最吸引我的是它大量選用一些以小人物為題材的故事，和這些人在平凡生活裡面，表現出來的堅忍、勇敢、誠實、善意、愛心、體諒等值得尊敬的美好品格。《讀者文摘》每個月所提供的不受時間限制的溫暖故事和好文章確實很多，讓我看了又看，甚至把好些本舊雜誌都翻得脫了頁。舉個例子，隨手翻開二〇〇〇年十月號，至少可以找到下面三篇好故事：

亂世女英豪：講述的是一九九九年在東帝汶長達十六天的暴亂中，菲律賓裔美國修女瑪蓮，展現出過人的勇氣、機智與暴徒周旋，保全了數百名難民生命的故事。

截癱青年雪嶺創新生：西班牙青年「荷赫」正計劃到美國哈佛大學去讀碩士時，意外摔傷成為下肢癱瘓的人。本文講述他在輪椅上開創人生價值的故事。

編故事機器：說的是一位立志做小說家的年輕人，突發異想開始在街頭賣文，用打字機寫小說。十七年間實實在在地享受著多彩多姿的豐富人生。

從十四歲開始，多年來我已經養成習慣，不時會拿起一本或新、或舊的《讀者文摘》來品味一番，後來老婆和孩子受我影響，也都成為雜誌的忠實讀者。我們不但欣賞、享受了許多快樂的閱讀時光，還在生活閒談間交換彼此對一些「好故事」的看法，不知不覺地，一家人漸漸形成許多共同的「正面價值觀」。

奇妙的生活際遇，後來又透過讀者文摘送給我一份料想不到的溫暖禮物：

二〇〇一年十二月，我在上海工作。翻開當月的《讀者文摘》，我發現有一篇文章的標題叫〈小販的喪禮〉，似乎很眼熟，還沒往下看就能猜得出它的大概內容。仔細一看，標題旁邊確實還印有一行小字，寫的是**「本文曾刊於1971年12月號，然而歷久彌新，永遠能令人感動。」**哇！這還真的是我三十年前就已經再三閱讀過的那篇文章呢！一九七一年十二月我在幹什麼呢？原來那時我讀大學一年級，正是一個與致勃勃享受青春的「新鮮人」哩。

〈小販的喪禮〉是一個真實故事，發生在美國印第安納州：

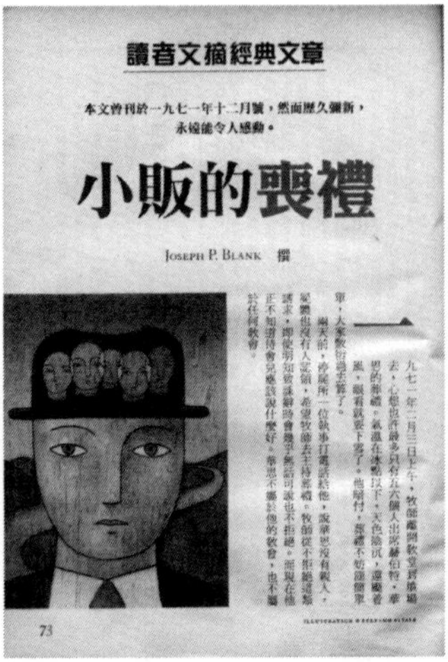
讀者文摘經典文章

本文曾刊於一九七一年十二月號，然而歷久彌新，永遠能令人感動。

小販的喪禮

Joseph P. Blank 撰

73

二〇〇一年十二月《讀者文摘》

有一位名叫「華思」的七十三歲老人去世了。他生前孤零零地住在一幢木屋裡，二十七年來一直挨家挨戶兜銷家用雜貨。華思每天出門，踏上仔細考慮過的路線，八、九個鐘頭後回家。他從來不當自己是小販。他說，「我是推銷員，我的路線是研究過的，每年到每戶人家三趟，不多不少。這樣才不惹人討厭。無論你買不買，我一定說謝謝，我要大家知道我是懂規矩的。」

華思一生自食其力，也出力幫過許多人的忙。但有件憾事，他的主顧都聽他說過好幾次：「我年輕時候應該結婚。沒有家，生活真寂寞。我一個親人也沒有。」許多主顧聽了他的感慨，不免感動，就安慰他道：「華思，你朋友多著呢！」

華思去世那天晚上，左鄰右舍都在談論華思，懷念華思。突然之間，每個人都想起他曾擔心死後沒有人送喪，人人都心裡難受。許多人決定要參加葬禮，但事先都沒有向別人提起。

葬禮那天，男人照常離家上班，沒想到在墳場碰到太太。許多學生翹課，結果要向他們的父母點頭打招呼。墳場方面更沒有料到會有這麼多人來。公墓經理說：「汽車一定不少於六百輛。誰也不知道停在更遠處的還有多少，更不知道有多少人因為無法駛近墳場，只好離去。」實際上，那天參加他葬禮的人至少有一千人。

葬禮結束，群眾還是流連不去。志同道合的感覺使陌生人變成了朋友。每個人都因為來這裡而覺得欣慰，沒有人急於離開。「那天華思使大家有了同感，」有位商人後來說，「他使我對人類肅然起敬。」

能跟這篇文章重逢，帶給我一份不小的驚喜，真的就像遇見了三十年前的老朋友一樣高興。我發現好的故事不但不會因為時間久遠而褪色，而且它能感動我，同樣也能感動其他人。真感謝讀者文摘體貼的編輯，為我送回了這一顆記憶裡的「珍珠」。

11 反攻大陸

國民政府退守台灣以後，最初三十多年間最基本的國策就是「反攻大陸」。即使後來努力發展經濟，但「中華民國公司」一直掛的還是堅定不移的「反攻大陸」招牌。我們這一代人從小接受的都是「中興復國」教育，「反攻大陸」使命彷彿成為我們這一代人天生的宿命。

最早的反攻政治口號是：「一年準備，二年反攻，三年掃蕩，五年成功」。等我長大到唸小學的時候，政府來台已經快十年了，誰也不好意思再提這口號了。小學時我們還有一首人人會唸的童謠：「一二三到台灣，台灣有個阿里山，阿里山上有神木，明年一定回大陸！」

小學三年級，以「我的志願」為題目寫作文時，眷村小女生大多數想當老師或效法南丁格爾去當護士。小男生的志願則清一色要當陸、海、空三軍的軍人，去解救身陷「水深火熱」中的大陸同胞。刻板的思維裡，誰也不知道地球上還有醫生、工程師、科學家、律師、企業家等可以選擇的職業。

網上解密的資料顯示，政府遷台後擬定過不少反攻計畫，其中最正式的通盤計劃叫做「國光計劃」。我初中時代與「國光計劃」相遇的一小段記憶如下：

民國五十四年上半年，左營地區忽然變得忙碌而又緊張起來。先是海軍官兵們開始加班。晚上九點多鐘，我們補習下課回家時還會踫到送海軍人員回家的交通車，這是以前都沒有的現象。我聽到交通車下來的一個軍官跟別人說：「要是真反攻了，天天加班我都甘心。」哇！真的要反攻大陸了嗎？

二年級教國文的劉老師是一位南京人，他上課時常喜歡跟我們講一些有趣的打油詩。有天他又講了一首打油詩，看我們嘻嘻哈哈地笑著，他突然若有所思地看著我們一班學生，語重心長地說了一句：「看你們現在都高高興興地很幸福，可能馬上就要讀不成書嘍！」我們隱約知道他的意思是說，馬上就要打仗了，只是「打仗」兩個字沒有直接說出口。顯然他也風聞了什麼軍事消息而感到憂心忡忡。同學們雖然可以感受老師凝重的心情，但我們還不會猜測一旦戰事爆發以後會發生什麼事，只是朦朦懂懂地聽著。學生中間偶爾會猜測是不是真的要「反攻大陸」了？可是大家都沒有什麼消息，所以也沒有太大的感覺，該怎麼玩還是照樣玩。

接下來軍區裡更熱鬧了，軍用卡車每天不間斷地向港口運送人員和物資，聽別人說半夜裡還有隆隆的戰車開進港口呢。左營軍區裡出現了一些從來沒出現過的陸軍人員，在眷村裡買東西或在麵攤吃麵，他們的部隊陸續在港邊大集結場上搭起了好些軍用帳蓬。

有一晚我和同學侯亮騎車去中正堂看電影，我們邊騎邊聊，騎到中正堂前自勉新村附近剛好路燈壞了，我們只能憑著微弱的月光和熟悉的路線前進。黑漆漆地一個不留神，我竟直直撞到了路邊一個走路回帳篷的陸軍老士官。他氣得要命，逮著我的車子不放，揚言要揍我一頓。老實說我們車子騎得並不快，實在是天太黑了，根本沒法辨別出他深綠色的陸軍制服。我跳下車一再跟這位軍爺道歉，可是「小秀才遇到老兵，有理說不清」，他一時不肯善罷干休，糾纏了一段時間，直說要揍我。過了幾分鐘，可能他覺得沒有剛才那麼痛了，再扯下去也沒什麼意思，我們才被放行。

戰爭的腳步確實愈來愈明顯，當年台灣海峽果然連續發生了三次海戰：五月一日東引海戰、八月六日東山海戰、十一月十二日烏丘海戰。除了五一海戰１１９號艦獲勝返回左營外，另外兩次海戰都以失敗告終，海軍損失了劍門、章江、山海三艘軍艦，上任僅半年的海軍總司令劉廣凱上將也因此黯然下台。

11-1 五一海戰

民國五十四年發生了三次海戰，其中第一次海戰發生在五月一日，史稱「五一海戰」或「東引海戰」。五一海戰其實是一次偶發的「烏龍戰役」，海軍ＰＣ１１９號東江艦迷航誤闖共軍海域，被共軍發現並主動發起進攻，雙方事先都沒有準備。根據當時的新聞報導，１１９號艦遇到共軍八艘較小炮艇的圍攻，擊沉了其中兩艘、重創四艘，共軍全身而退的只有兩艘。１１９號艦返航時被視為「勝利凱旋」，受到了英雄式的熱烈歡迎。

幾天後，我們在學校聽到１１９號軍艦已經返抵左營的消息。於是我和亞雄、永璋，喊上丁班的哥們楊胖（楊崇相），決定放學後到左營港去看一看。到了港口，果然看到空無一人的１１９號孤零零的停靠在碼頭邊上，船身各處彈痕累累，東一個炮彈孔，西一排機槍眼，甲板上散放著亂七八糟的彈簧床墊和碎玻璃。碼頭上三三兩兩地，也有海軍官兵停下腳步，跟我們一起駐足觀看，大家都能感受到當時戰況的慘烈。根據網上記錄，此次海戰１１９號艦共犧牲官兵七人，四十三人輕重傷。

四個少年從港口回來，一邊騎車一邊談論各自從報紙或海軍官兵那邊聽來的海戰消息。大家愛國情緒高漲、義憤填膺，都說將來一定要報仇。我們中間以楊胖最激動，因為他爸爸的軍艦就是在「八二三炮戰」中被共軍擊沉，而壯烈犧牲了。說歸說，後來我們三個都沒有成為職業軍人。只有楊胖志向堅定，長大後考進海軍官校，畢業於官校六十三年班。楊胖一生捍衛中華海疆，曾擔任過驅逐艦正陽艦艦長，退休時官拜海軍上校，完成了他的終生職志。

我父親在陸戰隊接受蔣中正總統點名的歷史照片（中央舉手者）

除了五一海戰，當年還發生兩次海戰：「八六海戰」和「烏丘海戰」。這兩次戰役之後我們沒有到港口去看船，因為我方軍艦都被擊沉而沒有回來。聽說後面兩次海戰都是國光計劃的一部分，共軍情報靈通，老早就部署了伏擊計劃。另外還聽說，就是因為這兩次海戰失利，才使蔣總統看清楚了自己軍事力量的不足，而暫停了反攻大業。

不久，戰雲密佈的緊張氣氛，就像它突然發生一樣，幾個月後又突然消失了。從孩子們的眼光來看，軍事單位不斷有各種活動，這次也不例外，沒有人意識到這是一次正式的、箭在弦上的「反攻大陸」行動。

幾年以後，我爸還跟我聊起過這次動員。我爸說這次行動「是真的」。當年蔣總統確實曾經蒞臨陸戰隊林園清水巖基地，召集陸戰隊少尉以上全體軍官，向大家宣佈：大家一直以來盼望的報國機會終於來了，眾將士只管奮勇為國作戰，不要顧念家小，國家自會幫你照應他們。蔣總統訓話完畢，還跟大家照了一張集體照。隨即陸戰隊全體人員開始行動管制，每個人都留下了「遺書」。戰備戒嚴行動持續了數週，後來悄悄地解除，沒有人知道確切原因。

「國光計劃」的動員和集結正式展開後，還沒到達D-day又突然「叫停」，聽說有三方面難以克服的原因：

第一、美國阻撓：無論是共軍犯台，還是國軍反攻，美國都反對。為了掌握台海情況，美軍派有專人在台灣各軍事單位密切觀察國軍行動，稍有不尋常調動，立即向白宮通報，使國軍難以動彈。第二、機密外洩：國光計畫的內容是軍事最高機密，但機密卻經常外洩，聽說兩三天前擬定的計畫，共軍今天就可以在廣播中播報出來。完全暴露的軍事計畫，根本就無法執行。第三、實力不足：國軍在台灣整軍經武，厲兵秣馬十餘年，所儲備的軍力充其量只夠發動最初的登陸作戰，持續的縱深作戰和後勤補給，都不是台灣單獨的經濟實力所能負擔。如果沒有強大的資源為後盾，貿然發動戰爭不但不能成事，還要將台灣拉入萬劫不復的失敗境地。

總之，國民政府似乎早於民國五十四年就跟反攻大陸的軍事行動說「拜拜」了，然而全台軍民卻渾然不知，繼續生存在「國共大戰」的陰影之下。美台斷交後，「反攻無望」的形勢愈來愈明顯，但又過了十多年，直到民國八十年五月一日廢止了「動員戡亂時期臨時條款」，政府才正式拆除下高懸了四十二年的「反攻大陸」招牌。誓不兩立的國共第一代領導人去世以後，雙方終於漸漸走向和平。斷絕音訊達三十八年的兩岸人民，也從一九八七年恢復往來，掀起了外省人返鄉探親的高潮。算算日子，雙方人民交流來往也快三十年了，真心希望兩岸政治家們，發揮高度智慧解決兩岸和平的餘留問題，為民族的發展創造更多機會。

11-2 官校游泳

好險！全面戰爭的威脅，從我們身旁悄悄地離去了。最高當局因為叫停反攻作戰而懊惱的時刻，黎民百姓們還是是照常地過日子。暑假到了，有好消息傳來：「官校新近落成的標準游泳池，決定暑假期間向眷村子弟開放！」

海軍官校位於軍區最北的位置，他們全新的標準游泳池不知道是不是全台第一，但至少是台灣一流水準。水質清澈湛藍，擁有自動循環過濾系統，快五十年過去了，我還能說出這個游泳池的大概情況。官校游泳池長五十公尺、寬二十五公尺、最淺的地方一百五十五公分，深度慢慢增加到四米深，然後又逐漸回升到泳池對岸的三米六，泳池深水處有三個不同高度的跳板。除了泳池，它還附設有很好的更衣室、浴室。

游泳的費用是每人每次兩塊錢，整個夏天只要不下雨，我盡量找機會去官校報到。亞雄對游泳不那麼熱衷，有時候去，有時候不去。永璋和楊胖從來都沒有和我一起去過。吃了中飯，我常常頂著大太陽騎三十到四十分鐘腳踏車從果貿到官校去等游泳池開門，到了那裡一定會碰到滿滿的眷村子弟，其中有很多認識的人，不愁沒有玩伴。女生和小男孩在水淺的地方玩水，擠得像下餃子一樣。我們大一點的男生都在水深的地方玩，比較自由自在，游泳時不會撞到人。深水區總有幾個水性很棒的青年人在表演跳水。我們不會高台跳水，最愛玩的遊戲是「潛水撿錢」。把一塊錢硬幣隨便丟進泳池，然後比賽看誰最先拿回來。開始的時候覺得四米水很深，不久習慣了，縱身一跳、腳划兩下就潛到了池底。一個夏天下來，我曬得黑黑的，深深覺得能在這麼好的游泳池裡游泳，當個左營孩子還真幸福呢！

對了，在這麼高級的地方游泳，我的裝備也有改善，老媽幫我買了兩條真正的游泳褲。

12 鱷魚幫

三年級開學了，今年學校打破常規，沒有大規模的編班，只有小幅度的人數調整。經過二年級一年的努力，我的成績已經穩居班上的前五名之內，交學費的標準也進入半費生的前列。如果按照往常規矩，今年我應該給編到乙班才對。我們班還有幾個人也進入了半費圈，但不知怎地，學校卻還是把我們放在丙班。我覺得留在丙班也挺不錯地，「寧為雞首，不為牛後」嘛，在普通老百姓裡面做個功課不錯小秀才，比回到甲班當牛尾巴似乎還要開心些。當然，最重要的還是不願意和丙班這些混熟了的同學們分開。搬家到左營以後，每年都重新編班，雖然因此認識了每個眷村的同學，但好不容易交到的幾個好朋友，也都因為編辦而星散疏遠了。

升上了三年級，教室也往前調整到「自助校門」這邊的第三間。

今年仁華以半費成績考進了海青，他被編進了一年甲班。教室在我們這一排的最後面，緊挨著洗手台和廁所。

12-1 駱大餅

開學沒幾天，發生了一件奇怪的事。早晨第一堂下課的時候，我偶然注意到教室後排有些騷動，彭群在那邊起哄：「快！快！來了，駱大餅來了！」緊跟著就有兩三個傢伙笑嘻嘻地叫著：「快！快！」地往教室後門擠。

「搞什麼？」我心裡覺得奇怪出去看看，只見老弟仁華正從低年級那邊，沿著走廊往我們教室走。眼看就要走到我們教室的時候，他好像發現了什麼似的，抬頭往我們班上看了一眼。

說時遲、那時快，幾條大漢一聲吆喝：「上！」就衝了出去，還一邊叫著：「別跑，駱大餅，別跑！」原來這幾個傢伙，正嚴陣以待地準備抓我弟弟！這是怎麼回事？他們鬧我弟弟幹嘛？「駱大餅」又是什麼？

仁華見他們來勢洶洶，立刻轉身逃跑，班上那幾個人也在後面追逐，但跑了沒幾步就算了。我看他們也沒真想抓到他，他們的目的只是不想讓仁華從我們教室前平安無事地走過去。

向猿猴打聽了一下，事情原來是這樣的：

我們班下課的時候，總有些無聊人會靠在教室後門閒扯淡，他們第一次看到仁華路過的時候，就有人從制服上繡的名字，認出了這個一年級的小傢伙是阿駱的弟弟。本來他們也只是自顧自地講閒話，對仁華沒什麼興趣。想不到他們還在聊天的時候，仁華又走回來了，手裡還拿著一塊錢一副的「燒餅夾油條」，邊吃邊往回走。這幫傢伙忽然弄明白了，原來仁華是趕著在第一節下課的十分鐘內，到馬路對面去買燒餅的！

連續幾天仁華都去買燒餅，班上這些唯恐天下不亂的兄弟看在眼裡，可愈來愈沉不住氣了。他們商量商量，決定要找點樂子，封鎖這條「燒餅航線」，把仁華逮起來，扣押在我們教室，直到上課時才放他走。總之，不能讓他每天順順利利地買到燒餅。於是就發生了剛才「老鷹抓小雞」這一幕。

第一次仁華沒被抓到，但他買燒餅的「決心」卻仍未改變。為了躲避強大的騷擾，他提高了警覺，每到接近我們班的時候，必定仔細觀察。一旦發現情形不對，立刻撒腿就跑，繞個大圈子，意志堅決地還是奔向後校門。我們班幾個寶貝也佈置過「雙層拘捕隊」，但是都不太認真，有意無意的老是曝露行蹤，所以從來沒有抓到過他。他們最開心的事，就是跟在仁華的後面追趕，眾人嘻嘻哈哈地大喊幾聲：「別跑，駱大餅！別跑！」嚇仁華跑得遠遠地，就算過足了搗亂的癮。搗亂活動持續了一個多禮拜，後來不知是他們玩夠了，還是仁華再也不買燒餅了，圍捕行動終於落幕。

這件事情我從頭到尾都沒參與，只是在旁邊看著好笑。

12-2 沈老師和畢媽媽

初三上，除了導師還是呂瘸三之外，各科老師略有變動，比較特別的是歷史老師沈天錢，和國文老師畢菊倩。

沈老師本身是眷村子弟的老前輩，他也是訓導人員，跟翟炮一起專管學生的活動和紀律。全校最強悍的三年丁班，就由他擔任導師。沈老師能言善道、口沫橫飛，上他的歷史課可以聽到許多特別的形容詞。

有一次沈老師說：「白刀子進……」，然後就故意不往下講，等著學生們接話。學生一說：「紅刀子出」，他早就準備好了，馬上就說：「不對，不對，是『綠刀子』出，因為不小心插到了膽囊。」大家都被逗笑了。

上他的課沒有人敢睡覺，不光因為他會講動聽的笑話，還因為他是訓導人員，大家都有幾分怕他。

國文老師畢菊倩，外號「畢媽媽」，是一位慈祥和藹的老先生。畢媽媽老花眼鏡一戴，操著濃重的山東口音，念起課文來慢條斯理、搖頭晃腦，活脫脫一位古代的私塾學究。開學才一星期，就有一位同學因為聽不懂他的口音而轉到丁班去了。不過我們班北方人多，大多數同學都認為畢媽媽的口音不是問題。我不但不覺得畢媽媽的山東話聽不懂，還特別喜歡看他專心朗誦課文的神情，偷著模仿他特有的動作和腔調。一篇〈林覺民與妻訣別書〉的開頭幾句，就讓我小小練習了一番，才模仿出他的神韻。

有一節課，畢媽媽忽然說他相信古人說話的時候，說的一定也是白話文，而不是文言文。要不然人們一見面就問：「吃了飯乎？」或是「上學乎？」豈不太彆扭了？大家覺得很有道理，也都感到很有趣。妙的是，接下來一兩個星期，我們班同學之間的對話也因此「舉一反三」，改成了古人的語氣：「上廁所乎」、「打球乎」、「回家乎」和「然也」、「非也」。大家說話時都刻意帶著濃濃的山東腔。

歲月匆匆，如今快要五十年了，畢老師當年搖著腦袋、一個字一個字、抑揚頓挫地朗誦課文時，鏗鏘有力的鄉音：「意映卿卿如晤……」依然鮮活在目。

12-3 海軍畫家孫瑛

除了替弟弟畫了張新疆地圖，初中時代還有一些跟畫圖有關的故事。

據我所知，當年海青全校男女學生二十四班，只有一位教美術的老師，叫做孫瑛。怎麼知道只有一位美術老師呢？因為我讀了三年海青，每年的美術課都是由他一人教。

孫瑛跟大多數老師一樣，也是山東人。他本人「隔著門縫吹喇叭：名聲在外」，是海軍著名畫家之一。海軍軍區有許多公共聚會的場所和重要的辦公室，如：中山堂、中正堂、四海一家、海軍官校、軍區司令部、總司令辦公室等，都需要懸掛一些漂亮的大型繪畫來裝飾牆面，這些油畫、水彩畫都是由一群海軍御用的畫家們所繪製。海軍畫家中孫瑛老師的名氣最大，我們在軍區內許多場所都可以看到他的畫作。這些油畫的題材依照不同需要，基本上是軍艦、歷次海戰和海軍大事的記錄，也有一些海軍將領的肖像等。孫老師跟我們說其實他不喜歡畫油畫，而比較喜歡畫水彩和國畫。「但是畫油畫他們給得錢多啊！」他這麼解釋。

美術課沒有考試壓力，加上孫老師脾氣好，上課時你是否畫圖都沒關係，同學們都感到輕鬆自在。孫老師上課時偶爾會講一些繪畫的技巧，不過大多數時間都叫我們自由創作，他只是走來走去看學生畫畫，順口指點一二。孫老師每學期收三次作業，收到後他也不帶走，就在教室裡打好了分數，當場發回。有一次他一邊打分數，一邊登記成績，突然停了下來仔細看了看手上那幅畫，嘴上說：「哎，這幅畫得不錯哦！」順手拿起來揚了一揚。我一看，啊哈！他手裏拿的豈不正是「兄弟在下敝人我」昨晚照著風景照片畫出來的家庭作業嗎？

孫瑛老師給我們的作業打分數，只是登記在他自己的成績冊上，不會把成績寫在學生的作品後面。而我在圖畫背面的姓名，也只是寫在邊邊上，這樣就給別人有了可趁之機。隔週美術課的時候，孫老師又收到幾個同學的作業，他照常當場打起分數來。不一會，他又揚了揚手中一幅圖畫說：「哎，這幅畫得挺好的！」，我一看，咦？這不是上星期我交過又發還的那幅畫嗎？怎麼第二次出現了？原來是另有一叫「狗子」的人，悄悄拿了我捲在抽屜裡的舊畫，仔細把我的名字用小刀裁掉，當作他的功課第二次交了出去。可愛又略微糊塗的孫老師不但沒發現那幅畫短了兩公分，還照打分數不誤，更精彩的是他已經忘了上週見過這幅畫，還照常當眾誇獎不誤。一幅家庭作業被著名海軍畫家孫老師兩度誇獎，我應該畫得還不錯吧？

亞雄、永璋他們倆發現我喜歡畫畫，也畫得不錯後，每到交美術作業的時候就拜託我也幫他們畫一張。從此，每次交圖畫的時候，我都畫三張畫，挑一張比較滿意的簽上自己的名字，其餘兩張就送給了他們交作業，一直到初中畢業。

初三下學期快畢業的時候，我們兄弟和鄰家幾個人靠在馬家的短牆邊聊天，遠遠看到讀市女中的吳家莉莉放學從村頭那邊走回來。她一看到仁華就跟他說：「不錯哎，剛才我在新聞報畫廊看畫展，看到你的畫被展出了！」她這麼一說，我就知道，一定是我幫仁華畫的哪一幅家庭作業被送去參展了。可惜孫瑛並沒有告訴仁華，所以我們根本不知道參展的事，當然就沒去看畫展啦。我問莉莉那是怎麼樣的一幅畫？「那是一幅風景畫，水汪汪的」她說。再往下問，她就說不清楚了。

我這個「素人畫家」，長大後並沒有往專業繪畫的方向發展。生平唯一參加正式畫展的作品，不但用的不是自己的名字，連畫的是什麼圖畫，至今都不知道。

上網找找孫老師的消息，我發現他後來出國繼續發展個人創作，而且已經更上層樓，成為國際知名的水墨畫家。他一九八二年回到大陸定居，如今還健在。孫老師取了一個新的名字叫「孫大石」，留著像張大千一樣的長長白鬍鬚，高壽九十五了還在繼續作畫。另外，孫老師還於一九九二在他老家山東高唐縣興建了一間「孫大石美術館」，成為高唐縣最高雅的一處景觀，特為之記。

12-4 抽煙、歇後語

有那麼一陣子，班上有人偷著學抽煙，暗語叫做「哈根」。「哈」是動詞「抽」的意思，「根」是名詞，指的是香煙。亞雄首先耐不住了，說我們也來試試，「哈它幾根」如何？問題是不知道哪裡有香煙。袁永璋說這是小事，他可以偷他爸爸幾支煙，絕對不會被發現的。當晚我們趁著到翟炮補習班上課前的幾分鐘，跑到勵志新村那邊比較黑的馬路上，永璋掏出三根香煙，我們就把煙點著了，邊走邊「哈」。勵志新村那邊好像有大人說這幾個少年居然敢抽煙，鐵定是小太保，我們聽了也沒在意。其實除了好奇之外，香煙對我們沒有任何吸引力，那次以後我們就沒再抽了。

有天我在《文壇》雜誌上看到一句話：「吊死鬼抹粉：死要臉」，覺得很傳神、很有趣，講給亞雄聽。亞雄說正好也聽他爸爸說了一句：「一根手指頭和麵：搗」，就是「瞎搗亂」的意思。後來我們才知道這種文字叫「吊尾巴話」或是「歇後語」，特別粗俗、鄉土、有趣。我們開始熱心地在雜誌和文章裡收集有趣的歇後語，還在經常聚會的袁永璋家後院裡交換心得，說了前半段讓別人猜後半段，公佈答案時大家一陣歡笑，樂不可支。

常用的歇後語很快就被我們超越了，像「脫褲子放屁：多此一舉」、「肉包子打狗：有去無回」、「騎驢看唱本：走著瞧」、「大姑娘上花轎：頭一回」等等，因為太常見了，勾不起我們的興趣，我們要找的是更精彩的歇後語。當年惹我們哈哈大笑的歇後語，有下面一些：

「非洲人吃木炭：黑吃黑」；

「和尚打傘：無法（髮）無天」；

「茅坑裡的磚頭：又臭又硬」；

「青花石上摔烏龜：硬碰硬」；

「禿子跟著月亮走：借光」；
「棺材裡放鞭炮：嚇死人」；
「太監娶媳婦：擺樣子」；
「閻王爺的告示：鬼話連篇」；
「強盜打官司：場場輸」；
「光屁股坐板凳：有板有眼」；
「狗掀門簾：全憑一張嘴」；
「麻子打哈欠：全面總動員（圓）」；
……。

就在那段時候，有天我難得跟老爸到中山堂看了場電影，散場後坐他的軍用吉普車回家。在車上我說今天的電影真短，好像只有一個小時。我爸說：「對啊，這部電影是有點『兔子尾巴』。」我問他是什麼意思？

我爸說：「兔子尾巴：『不長』啊！」

我發現老爸也會講歇後語，就跟他講了一些我們收集到的有趣句子。我爸聽了一邊笑，一邊又回應了一句：「你們這些小孩，豈不都是『女學生開會：無稽（雞）之談』嗎？」

赫！我爸居然真人不露相，時不時還能「壁虎兒掀門簾：露一小手」呢！

12-5 電視開播

台灣的電視是民國五十一年開播的，但開始時只有北部地區可以收視。南部電視開播，還在整整三年以後。民國五十四年十月，高雄地區第一次有了電視！

我對電視開播這件事反應很遲鈍，沒覺得世界有什麼變化。好動的亞雄可沉不住氣了，他老說一定要找個電視看看，我沒搭理他。後來總算被他想出來了，說左營大街賣電視的電器行一定有電視，我們可以去看一看。於是放學後我倆騎腳踏車到左營大街的電器行去找，果然看到了展示中的電視，站在店外看了足有二十分鐘。哦！電視原來就是這樣子啊？黑白的節目，聲音聽不大清楚，屏幕小小的，還飄著像「雪花」一樣的白點子。我們都覺得電視效果比大銀幕的彩色電影差多了，沒什麼好看。這是我和亞雄一生中第一次看電視的經驗，那年我們十五歲。

當年誰家有電視機很容易認得出來，因為看電視必須裝天線，而天線都綁在屋頂上的一根長竹竿上面。電視開播第一年，我們那個三千戶的村子，每隔好幾排房子才看得到一根天線，所以我估計開播時只有五十餘個家庭買了電視。慢慢的，班上有人開始討論電視節目了，什麼大力水手、太空飛鼠、神仙家庭、小英雄等等，讓人聽了覺得陌生而好奇。對了！電視開播之初，正是原名「克萊」的美國拳王「穆罕默德•阿里」橫掃全球拳壇的年代，我還記得上課時沈天錢老師說台灣電視的技術還太落後，「連克萊打人都看得不夠清楚！」那時大多數人家都沒有電視，所以永璋認為沈老師不過是在間接向我們炫耀，說他家有電視機！

12-6 鱷魚、棺材和芒果幫

三年級開始聽說了左營的一些少年幫派。傳說自治、自勉新村都有一些狠角色，看人不順眼就出拳頭、動「傢伙」。不過海青中學管得緊，我們的生活裡沒有這些人物。有次下課時，猿猴悄悄告訴我，我們班後排兄弟正醞釀著要組織一個幫派，名字都取好了，叫「鱷魚幫」，準備不久以後招兵買馬，問我想不想參加？我心想這種事情躲還來不及呢，誰要參加啊？袁永璋看我愣在那裡沒有反應，才哈哈大笑地著跟我說，這只是他們幾個人亂講的啦！幫規也是瞎謅的「打遍左營芒果」。

「看你嚇成這樣子！」袁永璋取笑我。

不過呂瘸三似乎也風聞了這類消息，上課時告誡我們，組幫派是自找麻煩，不會有好結果的。他說：「既然想找死，不如一開頭就叫左營『棺材幫』算了！」以後有事沒事，還會嘲諷幾句：「怎麼樣？棺材幫組成了沒有？」「棺材幫主持正義了沒有？」挺煩人的。

不管鱷魚幫還是棺材幫，總之到了後來，我們班什麼少年幫派也沒有。

我們班沒有不良少年幫派，但確實存在一個專門結伴打芒果的「芒果幫」。

海青的校園是個大果園，其中最多的就是芒果和桂圓兩種果樹。從小學到初中，人人都知道「打芒果」是不可逾越的大忌，被抓到了要記大過處分。從小到大，都很少人敢於犯規。不過也有人傳說，這種校規別的學校都沒有，所以不會被列入永久記錄。其實這都是校園謠言，小孩的學校生活哪有什麼「永久記錄」？有一次海軍運動會那天，我到校特別早，大約是早晨六點半，那時校園裡一個人也沒有。我看到結實累累的芒果樹，不免蠢蠢欲動，想拿起石頭來打，「有賊心卻沒賊膽」，猶豫了一會，結果還是常年的禁忌勝利了，我沒敢動手。

禁止打芒果的校規看在初三學生眼裡就沒那麼權威了，主要原因是人長大膽子也變大了，同時技術也進步不少，「打芒果」這件事變成了敢於突破現狀的冒險活動。一到體育課，籃球發了下來，打球的打球，玩遊戲的玩遊戲，高莊連、曾包子、劉育坤幾個「芒果俠」就不見了。直到下課他們才帶著戰利品回來。體育課時，各班都在教室裡上課，校園裡沒有人走動，正是他們大顯身手的好機會。他們會找幾棵附近沒有教室的果樹下手，用石頭打落樹上懸吊的果實。其實，他們打得的果子也不算多，三四個人總共也不過打落十幾二十個芒果，每個人只分得四、五顆。而且青芒果酸得人牙根發麻，實在也沒什麼好吃的。但他們就是要打，不打還特別手癢，真奇怪。

12-7 木瓜和香蕉

木瓜是亞熱帶地區，包括台灣南部最常見的水果之一，左營眷村裡很多人家都有木瓜樹。對我們來說，木瓜是天下最不稀奇的水果了。在學校裡偶爾聽袁永璋講，他家的木瓜是用雞糞做肥料的，長得又多又好。問題是木瓜太多了沒有人想吃，他老爸幾乎天天逼他吃木瓜，害他見了木瓜就想逃。

有一次路過永璋家，我在他家側門喊了幾聲，永璋沒出來。「哐噹！」一聲鐵門響，他爸爸袁大醫師倒開門出來了。袁伯伯說永璋不在家，叫我進去坐坐，他馬上就會回來。平常到猿猴家，都是幾個少年郎在後院聊天，袁伯伯很少跟我們搭話。難得他今天這麼客氣，我只能從命，乖乖把腳踏車推進院子裡。接著袁伯伯還把我叫到屋子裡坐下，我心裡正感到納悶：「在後院裡待一會不就行了嗎？」只看見袁伯伯端出一大盤切好的木瓜，親切地招呼我說：「來，來，吃木瓜，吃木瓜。」我立刻想起了永璋被逼吃木瓜的言論，原來他老爸的木瓜內銷失利，現在開始向我進行「外銷」了。

永璋回家時，看到我和袁伯伯你一口、我一口地快要吃完了一大盤木瓜，給了我一個開心的微笑。回到學校，永璋很爽地告訴我，他家附近的小孩全都被他爸爸用木瓜「禮遇」過了，目前因為「木瓜效應」，已經沒人敢輕易上門。

他還學他爸的口吻說：「阿駱不錯，挺能吃木瓜的。」我聽了有點笑不出來，也不知道該說什麼才好。

日本人曾經佔據過台灣，這是誰都知道的歷史事實。但是日本人與台灣香蕉之間的小故事，大家可能就不知道了。話說日本人佔據了台灣，把台灣當成殖民地，五十年間不斷運送無數噸台灣香蕉到日本去。日本人長期吃台灣香蕉，竟然形成了日本人民的口味。其它地方的香蕉，如菲律賓、巴西、古巴產的香蕉，他們都不喜歡吃，台灣蕉農因此也樂得多種一些香蕉來賺外匯。有趣的是，台灣香蕉不但是日本人最喜愛的口味，還變成了政治工具。

台灣政府和日本政府打交道，有時候不順利、不開心，不是漁船被扣留了，就是日本和大陸簽了什麼外交協議。雙方就會用「拒賣」或「拒買」台灣香蕉這個小動作來發洩情緒。我小時候聽到的「阿Q式」愛國宣傳是：「日本政府又在亂搞了，我們決定不賣香蕉給他們，看他們怎麼辦！」人家最後是不是因為想吃香蕉而在外交上就範了呢？那我就不知道了。

總之，不論是拒賣還是拒買，台灣香蕉就會過剩。香蕉銷售不出去，焦農的損失豈不太大了嗎？咱們的辦法是由政府把香蕉買下來，再免費分發給軍人帶回家去吃。所以，那幾年只要我們看到海軍交通車下來的軍人，一個個手裡都拿著大把大把又大、又香的香蕉回家時，就知道台日之間又有什麼事情不爽了。

13　拔河大賽

升旗典禮時體育老師劉鎮南宣佈：下週舉行拔河大賽，要各班長到體育組拿報名表。

拔河比賽是兩年一次的全校性男生活動，三個年級共十二個男生班一律參加。以前在一年甲班時我們也參加過比賽，可惜一次也沒拔贏過。

初中階段一年級和三年級學生的身材差異很大，如果用每班固定人數的方式來決定班隊，那麼身材矮小，還沒長個子的一年級學生必定不堪一擊。為了公平起見，學校採用的是

「總重量」法。也就是說，比賽以前人人都稱一次體重，只要全隊體重相加不超過規定的總重量，班上派多少人參加都可以。這就造成了一年級人數最多，二年級略少，三年級人數最少的現象。其實這個辦法對拔河運動來說，只能算是掩耳盜鈴，最多也只能做到表面公平。你想，拔河是一項齊心協力的運動，人愈多，不是愈難集中力量嗎？所以，比賽結果毫無疑問永遠是人數較少的高年級取勝。

不過，我們三年級的實力，還有甲乙丙丁班的差別。甲、乙兩班是公認的老牌書蟲和二流書蟲，論體力和活躍度，自然不是我們丙、丁班的對手，我們沒把他們放在眼裡。論實力，三年級丙、丁兩班旗鼓相當，但氣氛不同。我們班從導師呂癟三開始到每一個同學，對拔河比賽這件事一直都顯得懶洋洋地。導師呂癟三從來沒有跟我們討論過這件事，更別說替我們加油了，一切任由我們自生自滅。我們班也因為總重量法則的限制，只有百分之六十的人可以參加比賽，所以我們這些不夠資格入選班隊的小個子，全都興趣缺缺，頂多配合著看看比賽、吶喊幾聲。

隔壁丁班情形就不一樣了。他們的導師沈天錢，本人是眷村子弟，榮譽感特別重，同時訓導人員也是主辦人之一。他不斷鼓勵丁班的人要當仁不讓，爭奪冠軍。他跟丁班說：「我們考試成績不怎麼樣，現在唯一在女生面前表現的機會來了，一定要讓大家瞧瞧三年丁班的肌肉！」當然按實力算，丁班也最具冠軍相。所以他們摩拳擦掌，志在必得，對冠軍的寶座充滿期待。放學回家的路上，楊胖也跟我和亞雄說他們一定會得到冠軍。面對這種形勢，我們的反應很漠然，自認也許可以得個亞軍，要是得不到亞軍，也沒什麼大不了的。比賽還沒開始，心理上就默認了丁班的冠軍地位。

不久佈告欄貼出了拔河比賽的賽程表，整個賽事在兩周內完成，每週二四六下午，一共六天，利用課外活動時間進行比賽。比賽場地在籃球場，場內斜拉一根長長的粗繩子，比賽雙方各據一方。拔河繩中間繫著三條鮮紅的絲帶，正中的一條絲帶下面懸掛一個重重的銅鎖，用來精確顯示拔河繩的位置，另外兩條紅絲帶一左一右繫於兩邊，其作用是顯示移動的距離。

比賽規則是採用「雙淘汰制」，也就是說每隊先在「勝部」比賽，如果輸了就被淘汰到「敗部」。到了敗部還有一次比

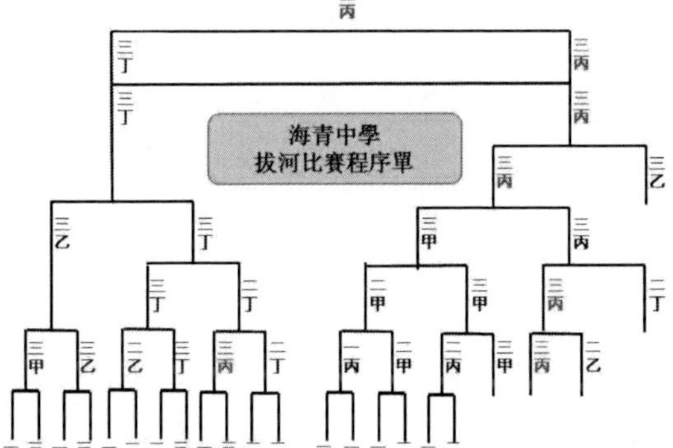

拔河比賽賽程

賽機會，如果再輸就真的被淘汰了。這樣，總決賽時只剩下一支勝部冠軍和敗部冠軍比賽，勝部冠軍一場勝利就是總冠軍。敗部冠軍想要「復活」，必須連勝兩場才是總冠軍。

賽事第一天，一共六場比賽，先抽籤決定比賽對象，全校十二個男生班全部都有比賽。學生們裡三層外三層地圍著籃球場，隊員們緊拉住繩子，手連手、腳抵腳「一二！一二！」齊聲呼喊，各隊指揮用力地揮舞著紅藍白色小旗，各班啦啦隊加油聲迭起，勝利者歡呼聲響徹雲霄，全校都沸騰了。

第一天比賽下來，一切正常沒有什麼新鮮事。一年級全部進入敗部，三年級全部晉級，另外晉級的是二乙和二丁。

星期四，賽事第二天。敗部六隊先行登場，二甲、二丙、一丙在敗部中晉級。

勝部賽第一場，三甲對三乙，三乙勝出。

勝部第二場，三丁對二乙，丁班的哥們像秋風掃落葉一樣，呼拉呼拉幾下子就了結了還沒站穩的二年乙班。

最後一場，三丙對二丁。第一拔情形正常，我們順利把二丁拔了過來。第二拔交換場地再戰，我班隊員輕鬆以對。

也許是隊形沒站好，也許是心裡不夠緊張，總之哨音一響，我隊突然感受到前所未有的強大拉力，大家立刻全力抵抗，企圖穩住陣腳。幾經掙扎，最後還是失去了陣地，第二拔我們竟然輸了！雙方一勝一負，準備繼續第三拔確定勝負。比賽前，我班眼睛中只有三年級的對手，而忽略了二丁這支二年級第一強隊。輸了第二拔之後，我們這邊是錯愕和互相埋怨，他們都不相信居然會輸給二年級。二丁那邊也覺得有點意外，但情緒卻突然高漲起來，全隊互相調整彼此的握姿和蹲姿，一心一意地要和我們決一死戰。就這樣，我們這支漫不經心、吵吵嚷嚷的隊伍，在第三拔中又因為用力不協調而被二丁給拔了過去！爆出比賽以來第一大冷門，三年級強隊丙班居然被「黑馬」二年級丁班給踢進了敗部！

比賽輸了，隊員們回到教室悶坐著，直到放學都沒有人大聲說話。

星期五沒有賽事，是再平常不過的一天了。不過，比賽失利的餘波卻從今天開始蕩漾。首先是來自隔壁丁班虛情假意的慰問。丁班幾個力大如牛的頭面人物，一早就到我們班上來，伸手拍拍我們班主將的肩膀，皮笑肉不笑地表示了「深沉」的慰問。揚言：「沒事，明天我們會痛宰二丁，替你們報仇的。」這簡直是屁話，誰要靠他們報仇？

接著，我們發現沿著走廊去上廁所，居然變成了問題。經過二丁教室的時候，他們班前後門都圍著幾個人，只要我們班有人經過，就冷不丁地一定會聽到幾句冷嘲熱諷飄過來：

「三丙，三丙，手下敗將——」（「將」字還拉得特別長！）；

「三丙的？哈！哈！哈……」（三丙好笑嗎？莫名其妙！）；

「三丙、三丙好厲害！二丁、二丁更厲害！」（哼！）；

「三丙老大哥，不好意思，得罪啦！」（特別噁心！）；

……。

整個上午，每節下課我們班都有人被嘲笑。午餐休息時間最長，所以情況更嚴重，二乙、二丙也跟著二丁起鬨來嘲笑我們。總之，他們是樂翻了天，我們班徹底吃癟、寸步難行，連「尿尿乎？」都受到了威脅。

被人看扁的滋味不好受，下午我們班的空氣終於起了變化。不管是不是拔河隊員，「榮辱與共、復仇雪恥」的心情開始籠罩全班。課外活動時間，班長彭群叫住我，跟我說：「阿駱，從現在開始由你擔任指揮，」換下了現任指揮小光。小光聞訊，做了一個誇張的中彈倒地動作：「啊！」的一聲，引來一陣訕笑。

指揮是幹什麼的呢？「是不是到對手那邊點個名，然後跟著大家喊一二，一二就好了？」我問道。

得到的答案是：「不是『跟』著喊，而是像龍舟賽的鼓手一樣，要『帶』著大家喊出拔河的節奏！」但我還是不明白，要如何「帶」著大家用力呢？

接著，彭群對班隊作了精確調整，從最前面的大個子到後面的隊員重新排列。少數幾個左撇子，一律調到繩子右邊，並且約定明天比賽前一定要提前到場操練。彭群還宣佈全班必須統一行動，不參加拔河的同學全部編入啦啦隊，任何人都不許缺席。

星期六，賽事第三天。由於兩戰皆輸的隊伍愈來愈多，今天只有四場比賽。敗部先戰，二甲、三甲勝出。第三場由我班出戰二乙。

由於上次不夠團結而落敗，這次我們特別小心，還作了有史以來第一次的賽前演練。大家按照隊形排成兩列，扮演裁判的同學舉手高喊：「預備……」，新任指揮的我立即擺好架勢，高高舉起指揮小旗。全隊全神貫注地等待奮力一拔的哨音。哨音一起，大家同時喊出：「一二！一二！」的節奏。喊「一」的時候，全體用力向後拔，喊「二」的時候稍稍停頓，調整呼吸。彭群說他爸爸講，不論是指揮的小旗，或是「一二！一二！」的喊聲，都必須協調一致同時發力，才能給對手致命的一擊。

我們反覆練了幾次，隊員之間默契大增。緊接著應用在對二乙的比賽上，可說是勢如破竹、手到擒來，沒費多大力氣就勝出了。

今天勝部只有一場比賽，三丁對二丁，比賽結果自然是三丁勝出。丁班那幫傢伙得意洋洋的宣稱，他們替我們報了一箭之仇。我們則不服氣地想：今天應該是三丙對三丁的比賽，果真如此，鹿死誰手還不知道呢！

第二週星期二，賽事第四天。今天只有三場比賽，最重要的一場是三乙對三丁的勝部冠軍爭奪戰，然後是三丙與二丁敗部窄路相逢的雪恥戰。還有一場三甲對二甲的雙甲賽。

第一場，三甲順利出線。

第二場，我們對二丁的比賽最具殺氣。「仇人相見分外眼紅」，毫無商量餘地，我們必須演出「王子復仇記」，奪回三丙應有的光榮。二丁當然也不是省油的燈，上週六雖然被三丁踢進了敗部，但他們曾經贏過我們，所以毫不氣餒、也不怯場。他們心裡十分明白，唯有淘汰了三丙，他們才有機會創造二年級學生爭奪冠亞軍的奇蹟，在全校師生面前揚名立萬。

雙方勇士魚貫入場，表情肅穆，眼神堅定，未發一語。

哨音響起，小旗飛舞，只聽得我班健兒齊聲怒吼：「一二！一二！一二！」聲音嘹亮，動作劃一，步步後移，花了三十秒鐘取勝了第一拔。

交換場地，繼續第二拔。彭群暗中傳來耳語：「專心、專心，現在就幹掉他們，不給他們第三拔的機會！」由我這個指揮跑前跑後、一一小聲交代。

「嗶……！」

哨音響起，喊聲震天：「一二！一二！一二！」我班全體隊員在第一時間猛然發力，立時拔回一段距離，緊接著大家動作更加整齊，速度再次加快，不出十五秒竟然把二丁他們拉倒在地，害得我們全隊也向後倒，前面同學摔在後面同學身上，最後面幾個同學摔倒在地，還受了點擦傷。

不消說，這是我們比賽以來最淋漓痛快的壓倒性勝利兼復仇行動，大家爬起身來跳躍歡呼，五天來的陰霾一掃而空！

歡呼聲中，我和彭群隔空對望了一眼，他對我作了一個「美國西部牛仔」式的動作，撇撇嘴揚了揚下巴。

今天第三場比賽是三乙對三丁的「勝部冠軍」爭奪戰，比賽過程不太精彩。三丁勝出，得到「勝部冠軍」。

拔河比賽有時候會出現「僵持」的情況，就是第一輪衝刺之後，雙方突然進入既不進也不退，也不喊的情況。這時候雖然看不出動靜，但雙方都要耗費大量體力來頂住對方的拉扯，時間長了誰也受不了。僵局一旦形成，只有其中一方再恢復拉拔節奏，或是一方放鬆了僵持，才能有所突破。在這方面，乙班的體力和戰鬥精神都不如丁班旺盛。

星期三，沒有賽事。我們上廁所的路線恢復了應有的平靜，二丁那幫傢伙已經對拔河這回事失去了興趣。

第二週星期四，賽事第五天。我們復仇之後，今天的賽事恢復到合理的次序，由三年級甲、乙、丙三個班爭奪「敗部冠軍」，穩坐釣魚台的三年丁班暫時休戰。

今天只有兩場比賽，第一場先由三甲與三丙對抗，勝出者再和剛剛進入敗部的三乙較量，以確定敗部冠軍。如果想得到敗部冠軍，我班必須付出重大體力，連續勝過甲、乙兩班。

比賽前我們預料甲班比較弱，乙班比較強，但實際比賽情形卻完全相反。和三甲的比賽出乎意料的艱苦，老牌書蟲發揮了良好的合作精神，我們經過三拔才把他們擊敗，體力損耗很大。

第一場勝出，休息十五分鐘後，繼續和等在一旁的三乙比賽。乙班外表看來要比甲班強大，但全隊求勝之心並不旺盛，他們認為就算勝了丙班，還是沒有機會打敗三丁，不如早些休兵，落得個輕鬆。力戰甲班之後，我們都擔心十五分鐘的休息不能讓我們恢復百分之百的體力，但實際和乙班交鋒卻不需要那麼多力氣。兩拔之後，他們就俯首稱臣了，我們順利晉級「敗部冠軍」！

星期五，沒有賽事。自從昨天取得了敗部冠軍，我們班的氣氛又有了新的變化，全班似乎融合成了一個「榮譽共同體」。連日鏖戰，許多人都出現了手臂、腰部或大腿肌肉酸痛的現象，不過沒有人抱怨，大家討論的是用熱敷、萬金油、白花油或其它膏藥來治療才最好。我這個指揮，手腳都沒有肌肉痛，只是喊得太用力了，嗓子有點嘶啞。不過我的戰鬥精神跟大家一樣高昂：「沒事，只要多喝幾杯開水就行了」。

第二周星期六，賽事第六天，「大決戰」。

決賽前，彭群又出新招，叫大家趕緊上廁所，五分鐘以後教室見。大家集合好了，彭群再次強調要專心，聽到哨音以後，一定要同時集中發力，這是我們一連串勝利的「最高機密」。跟以前三三兩兩各自走到籃球場去不同，這次我們先在教室前排好了隊伍，才威風凜凜地走向人山人海的籃球場。不過到底當時年紀小，還不太懂得製造聲勢，否則我們還應該舉起一面大旗，一路唱著軍歌過去才對。

三丙、三丁大決戰的第一場，我們「集中精神、猛然發力」的戰術果然有效，連續兩拔都讓丁班吃不消，丁班嘗到了開賽以的第一場敗仗，我們順利取得勝利。丁班輸得太快了，他們百思不解，不知道丙班今天究竟都吃了什麼「大力丸」？

勝了今天第一場比賽，丙、丁兩班的戰績總算扯平了。由於我們是敗部冠軍，所以只贏一場還沒到終局。丙、丁兩班還得再賽一場，才能產生總冠軍。

第一場結束，休息十五分鐘準備第二場比賽。密切關注比賽的丁班導師沈天錢，一直在場邊督戰。他看出情形不妙，立刻研究新的戰術，休息時指手劃腳地對丁班面授機宜，交代他們必須全神貫注投入比賽，絕對不可大意。

時間到了，兩大強隊重回戰場，進行最後一場「世紀爭霸戰」。丁班重振旗鼓，拼出了吃奶的力氣，總算完成了一勝一負的戰績，雙方這時就只剩下最後致命的一拔了。

世紀決戰的第二拔出現短暫的僵持現象，雙方拼得太厲害了，結束時我們班有幾個人因為用力過度而臉色蒼白、頭暈想吐，大家趕緊找來萬金油、白花油給他們抹上。不過丁班情況也沒比我們好，甚至還有人發生了嘔吐現象。

最後一拔，生死成敗在此一役。

體育老師劉鎮南召集雙方指揮，擲幣決定場地，雙方隊員就位，靜待最後一次扣人心弦的哨音。地球似乎停止了運轉……

「嗶——！」

「一二！一二！」大家立即按節奏齊聲吶喊，拼命廝殺，力拔山河！

繩索中央紅絲帶下的銅鎖「蹦」的一下彈起，向左移動了幾公分，接著向右移動幾公分，左右、左右地來回拉鋸移動……。

十秒、十五秒、二十秒……，喊聲逐漸衰竭，終於寂靜無聲。糟糕！雙方又陷入了可怕的「僵持」階段，雙方一動不動地頂在那兒，全世界突然安靜下來。

我手執小旗，面對場地上拼命支撐的隊友們，一時愣在那兒，不知如何是好。感覺上發呆了一個世紀那麼久，實際上卻只有一、兩秒鐘，突然，我看見跟我面對面的劉寡婦（劉光復）正皺著眉頭瞪著我。看到我注意到他以後，劉寡婦艱難地喊出一句：「一……二！」。靈光一閃，我立即會過意來，用力揮舞小旗，跟他一起，慢而有力地喊出了：「一……二！一……二！」企圖恢復拔河的節奏。

聲音傳了出去，旁邊的豬肥、曉輝、楊迷糊、亞雄也開始響應。就像啟動一列靜止的火車一樣，火車頭一動，各節車廂「哐」、「哐」、「哐」開始響應，隨後所有車輪「咯吱、咯吱」地艱難移動，接著整車一點一點地加快，終於「全速前進」。我隊劃一的「一二！一二！」節奏開始恢復，我一邊掌握著節奏揮舞小旗，大喊：「一二！一二！」一邊前後移動，迅速將喊聲傳遞到全隊去。

配合著「一二！一二！」的吶喊，全隊一拉一頓、一拉一頓，步步為營，堅定而紮實地往後拉！彷彿又過了幾個世紀那麼久，突然，「嗶——！」的一聲哨音，我們拔過了終點線！

比賽結束了！我們勝利了！全校掌聲雷動，為「敗部復活」的三丙喝彩！

回到教室，全班一片歡騰。有人吐了，有人擦破了皮，也有人磨穿了鞋底，但是管它的，我們勝利了！勝利就是一切！英雄們各自數算著戰場上的經歷，興高采烈中，誰也沒跟我討論我們是如何打破僵局的？我猜，全班可能只有我和劉寡婦兩個「無名英雄」，才知道勝利的關鍵在於我倆打破了僵局呢！

星期一朝會上學校宣佈了拔河比賽的結果：三丙冠軍，三丁亞軍，我們班由敗轉勝的過程被略略表彰了一番。到了這個時候呂癟三才開口說話：「不錯，不錯，我早就知道我們班是有潛力的。」大家聽了，頂多乾笑兩聲，都沒怎麼理他。

星期二有丁班導師沈天錢的歷史課。大家起立、敬禮的時候，對沈老師喊出了史上最宏亮的：「老師好！」坐下後，全班同學都用手支著臉、笑瞇瞇地盯著沈天錢看。沈老師回應得挺不自然的，我至今還記得他明明特別在意勝負，而又要擺出一副「好漢打落呀和血吞」的尷尬樣子。他先跟我們說說「勝不驕、敗不餒」的大道理，然後跟我們分析、解釋丁班失敗的原因，顯出幾分不甘心的心情。按照當年的克難作風，我們班奮勇作戰取得了拔河比賽冠軍，既得不到獎盃，也沒有照張集體照、吃頓大餐什麼的慶祝活動。沈天錢老師的這番「說詞」，就算是對我們「絕地大反攻」的最大肯定啦！

14 童子軍露營

話說當年升上初三，最令人興奮和期待的，並不是拔河或電視，而是每年都只有三年級學生才夠資格參加的「童子軍露營」活動。作為童軍課結束時的實習，海青中學每年都會舉辦一次全年級的校外露營活動，目的地每年都是台灣最南端的「墾丁公園」。

「露營」是我們從一年級開始，就羨慕、盼望的活動。暫且別說墾丁、鵝鑾鼻有什麼吸引人的風景，光是野外露宿和營火晚會，就夠我們想像和嚮往了。現在我們終於要出發了，眼看三年來的美夢就要成真，誰能不興奮呢？

童子軍課上，老師說明整個活動共三天兩夜，星期五出發，星期日下午回校。活動內容沒有做詳細的時刻表，「反正到時候老師還會跟你

中華民國童子軍軍徽

們說，你們只要照規定行事就好了」老師這麼告訴我們。人員方面，每十個人為一小隊，同學們可以自由編隊和決定隊名。小隊成立後，還要推選出隊長、副隊長和專管物資的總務。大家都要設法找到背包、S腰帶、童軍刀、斧頭、圓鍬、繩索等物品。買得起就買，買不起借也要借到，過幾天要檢查。另外，鍋碗瓢勺跟米糧等都得自己準備妥當。

剛一下課，永璋就來找我，跟我說他們已經商量好了，把我編到他們那個小隊，叫我別再跑到別隊去。「他們」是誰？原來是彭群、猿猴、亮記（梁治的山東音）和任克難。那亞雄呢？猿猴告訴我，彭群說他太皮了，管不住，最好到別的小隊去。我還沒來得及思考就被他們給選上了，接著「他們」還召集了狗子、丁時南、小光、居廉、陳立德為隊員，我們的小隊迅速組成。

我們班一共組成了三個小隊，第一小隊由亞雄、壽玉、曉輝他們幾個大個子組成。我加入的是以彭群為首的第二小隊，彭群本來就是班長，所以自然就成為了我們的小隊長。他推薦永璋為副隊長，沒人表示反對。第三小隊的成員主要是芒果幫，曾包子、高莊連、李其原他們。

小隊編好了，各自開始準備。對爸爸在陸戰隊工作的同學來說，商借背包、S腰帶、圓鍬等軍用物質，完全不是問題。只要回去說一聲，想借幾套就是幾套。父親在

露營前全小隊的合影

軍艦上工作的同學，全靠我們陸戰隊子弟支援。各項裝備中，S腰帶是最重要的一項，因為斜掛的寬大腰帶最像軍人或西部牛仔，可神氣了！S腰帶上有許多小洞，可以掛上水壺、刺刀、軍用手電筒等許多物品，真正的軍人還掛上槍套和手槍。一個人要頭戴船形帽，脖子繫紅藍白色領巾，腰上繫S腰帶，手持童軍棒，才算是裝備齊全。

小光他媽媽幫我們縫製了一塊海藍色的隊旗，他爸在上面畫了一隻展翅高飛的老鷹，還寫了「海青」兩個字，非常耀眼。

出發當日，所有同學一早就到了學校。帶隊的老師率領「童軍團部」的公差們，抬出倉庫裡的營帳。各小隊都在集結、清點他們的人員和物品，整個三年級都在忙碌著。不久，十輛陸戰隊大卡車轟隆轟隆地開進校園，車隊長向總指揮翟森林主任報到。我們小隊找了一個有照相機的同學，照了一張集體照。九點左右，各小隊魚貫上車。我們把隊旗插好，在一、二年級羨慕的眼光中，浩浩蕩盪開出左營！

當年高雄市中華路還沒有鋪柏油，整條路都是碎石子。從左營到墾丁的大部分路況也差不多，除了高雄市區與省公路外，多數路段都是黃塵滾滾的碎石子路，需要行車四個小時才能到達墾丁公園。

到達墾丁後，各小隊到「團部」領帳篷，按照老師指示的位置搭營帳。女生小隊較少，全部位於團部附近，男生小隊四面圍繞。忙碌間，聽到曾包子他們小隊一陣歡呼，原來他們放在餅乾桶裡，用米糠保護的雞蛋全部安全抵達。我們小隊的乾糧是蔥油餅和香腸臘肉，沒有破碎之虞。

各小隊派出一名公差到童軍團部報到，協助團部搭瞭望塔、升旗台和安裝擴音器。這時候我們才知道，海青中學還有一個高雄市童子軍第幾團的統一番號。

搭好了帳篷開始準備晚餐，我負責劈柴，劈了一陣子進展不大。旁邊一個來墾丁旅遊的老漢對中學生露營很好奇，笑嘻嘻地東張西望。不過他顯然無法欣賞我的劈柴本領，終於忍不住接過我的斧頭，示範了幾下，我才找到竅門。劈柴的不會劈，生火的也不高明，老是點不起來，最後還是到其它小隊引火，才解決問題。另外，我們班三個小隊在隱蔽處挖了個聯合廁所，作為上大號之用。男生的小便問題容易解決，沒有列入建設清單。

七手八腳忙了幾個小時，天黑前後總算吃到了晚飯。菜、肉都熟了，只是味道怪怪的，鹹淡不均勻，炒菜的花生油可能沒有熟。問題最大是米飯，上面熟了，鍋底焦了，但中間還是生的。根據戰車理論家丁時南的研究，這是因為火勢太大而又不穩定所造成的，但沒人理會他，就算他分析得有道理吧。天黑以後公園裡沒有路燈，大家在月光和微弱的煤油燈下活動。

乙班那邊忽然有人高喊：「狼！狼！」，立刻引起一陣騷動。

他們開始喊打，我們也及時拿起武器，對那隻飛奔而來的黑影喊打。後來看清楚了，那不過是一隻竄逃的野狗而已。被一隻野狗嚇成這樣，大家都向乙班那邊哈哈大笑。剛才那位緊張大師看我們都在嘲笑他，還很不甘心地辯了一句：「野狗也是很危險的呀！」

團部下達指令，要大家儲水作為明天早上洗臉、刷牙和煮飯之用，但忘了告訴我們哪裡有水可取。我和幾個人拎著臉盆摸黑去找水。路上碰到了亞雄，他說前面發現了一個山洞，叫「仙洞」，我們不妨過去看看。不久，我們又找到一個山洞，叫做

「銀龍洞」。我們從很窄的洞口側身擠進去，裡面黑漆漆地一片，用手電筒微弱的光線照來照去，也只能大概看到一個接一個的小水潭，黑暗中沒法知道水乾不乾淨，只好退出來另外找水源。後來，發現旁邊一棟林務局建築物的院子裡就有水龍頭，好多人都在排隊接水，我們算是白走了一大圈。不過，我對這兩個山洞產生了很大的好奇心，很想白天光線充足的時候再過來看一看。

睡覺前，整個小隊十個人擠在帳篷裡，一字排開躺在高低不平的油布上聊天。昏暗的煤油燈下，你一言我一語，七嘴八舌地重複著今天的經歷和各種馬路消息，嬉笑怒罵、笑聲連連。高昂的情緒和疲乏的身體交戰，直到濃濃的睡意來襲，少年們才一個接一個地進入夢鄉。

天亮我醒過來的時候，只剩下彭群、小光還在呼呼大睡。賢妻良母型的陳立德和狗子他們已經在忙早餐了。早餐是醬瓜、泡菜、花生米和稀飯。稀飯是熟了，但鍋底還是燒焦的。

小隊長從團部回來宣布：每隊一半人集合上車，去鵝鑾鼻和恆春附近遊覽，留一半人在營地煮飯和自由活動，明天再去旅遊。我因為念念不忘昨天的山洞，想再去看看，所以決定不去鵝鑾鼻。彭群也想跟我去看山洞，於是副隊長猿猴帶著隊旗和半個小隊人馬去集合上車。

旅遊隊伍出發以後，我們幾個同學先去找昨天的那兩個山洞，在銀龍洞看到了漂亮的乳白色鐘乳石及石筍，還有許多個地下水溶蝕後，很清澈的半圓形小水池，我們第一次看到這種美麗的景象，想不到台灣還有這樣的地方，感到很稀奇。

離開山洞，大家全副武裝翻過營地到墾丁後山去探險。所謂全副武裝，就是童子軍的各種裝備：童軍棍、童軍刀、斧頭和童軍繩之類的東西，一應俱全。我們在後山的小路走了不少路，大部分時間是在樹林中爬上爬下，也不斷遇到其它班的同學，大家像友軍會師一樣，互相招招手。墾丁公園是亞熱帶植物的寶藏，但山上沒有水果，所以我們的趣味降低了不少。遊蕩了半天，除了用石頭老遠打過幾隻松鼠，什麼野生動物也沒遇到。後來我們終於發現一塊石頭上躺著一隻扭動中的肥大蚯蚓，大約有二十公分長（真可惜不是蛇！）精力過剩的少年們正愁著一身裝備沒有用武之地，一時棍棒齊飛，你一下我一下地把這隻不幸的蚯蚓打了個稀巴爛。這是今天早晨唯一的「險情」。大約十點半鐘，看看時間該回去準備中飯了，大家才開始往回走。

回到營地，我們遇到一個奉命專門等待我們的同學，他向我們傳達了一個重大消息：

「出事了！老師要你們回營地後，只能在帳篷附近活動，不可離開。」

「出事了？出了什麼事？」我們不免大吃一驚！

「早上去鵝鑾鼻的車子翻車了！」

「哇！不得了！情形怎樣了？」晴天一聲霹靂，大家的神經都繃緊起來。

「完全沒有消息，老師只交代大家不可離開！」

「車禍」是我們出發前絕對想像不到的災難，營地裡各種猜測和謠言不斷流傳，但誰也不知道發生了什麼事。在沒有自用轎車和手機的時代，消息傳遞十分困難，連留守的老師也不知道事態的發展。大家憂心忡忡，又不敢亂跑，司令台每隔一會就廣播叫班長去宣布一些該留意的事情。

大家湊合著弄午餐，反正每個小隊只有一半人，不如混在一塊兒吃。各隊有什麼吃的都拿出來，大夥一邊吃，一邊猜想車禍的情況。

中午前後，幾個老師帶著全部女生和一部分沒有受傷的同學回到營地，我們才得到一些支離破碎的消息。今早去鵝鑾鼻時，一共開出了兩輛卡車，男生一輛、女生一輛。結果男生那部車發生了意外，在一個轉彎處翻了車，很多人受了傷。翟炮、楊主任和當地軍警已經把受傷的人送往恆春醫院急救。

下午，猿猴和第三小隊的朱鴻全、高莊連跟隨最後一批未受傷人員回到營地，班上人都圍過來問消息，我們才知道更多情況。問他車子是怎麼翻的？他說因為人多很擠，大家都用手吊住車頂，只聽見轉彎時「轟」的一聲，其它怎麼翻車，又怎麼爬起來，他都不記得了。同學們大部分都是頭部受傷，侯亮的頭皮被剝開好大一塊，血流如注。居廉臉部受傷，立德好像手臂斷了。其他還有人鎖骨斷了，或昏迷不醒。女生那輛車見男生車沒跟上來，也折返回來找他們。發現男生車已經翻了，一地都是受傷的同學，好多女生都哭了。更多的事情他也說不清楚了。我們小隊出去五個人只有袁永璋一個人回來，其它四個人都給送去了醫院。奇蹟似的，永璋卻說他毫髮未傷，他直到回家後洗澡，才發現頭皮上有一小塊淤血。

團部宣布中止所有活動，明天早晨「拔營」，除了留一部分早餐的食物外，今晚盡量把帶來食品吃完。

當晚有別班自作聰明的人來帳篷傳遞消息，說今晚要特別加強戒備，盡量和衣而眠，附近居民看我們出事了，有可能出來趁火打劫。還建議我們最好要像軍人那樣，排出每兩小時一班的哨兵。事態既然如此恐怖，我決定當晚保持警覺，整夜不睡，還抱著一根斧頭保衛自己。想不到呆坐不了幾分鐘，我的眼皮就發沉了，剛剛想打一個小盹，天已大亮。

星期天一早，大家在不安的氣氛下收拾物品，開始「拔營」。折疊好營帳交還團部，排隊、點名後，全校列隊徒步下山。走了不很久，就經過昨天發生車禍的地點。那是石子路上一處坡度很大的彎道，出事的軍車已經被拖走了，地上只剩下一些碎玻璃和油漬。出了公園大門大家才分批上車，我們小隊六個人被安排在最後一輛卡車，圍坐在一整車營帳旁邊。卡車發動後，露營活動就算到了尾聲，計劃中的鵝鑾鼻燈塔、青蛙石、船帆石等風景點都沒有心思去想了。

車行約四十分鐘，全隊在恆春一個菜市場邊上停車，校方給我們一個小時，自己去買午餐吃。我們在報攤買到當天的「台灣新聞報」，看到第一版的下方刊登了「海青中學露營發生車禍」的消息。直到這時我們才知道，坐在前座帶隊的乙班楊靖渤導師和一位乙班同學已經不幸去世。我們感到十分震驚，心情沉重得不知說什麼才好。記得曾經有一次，我和一個同學不知怎的拿到了一張大陸時代的五元紙幣，剛好楊老師從旁經過，我們就問他這張鈔票值不值錢？他和藹地跟我們說那張紙幣以前很值錢，「可以買兩籃雞蛋呢！」想不到，楊老師竟然在這次車禍中永遠離開了我們！

報紙上還公佈了送到醫院的受傷學生名單，總共有三十多人。我注意到記者的一個筆誤，把李其原寫成了李束原。我們幾個人的名字既然沒有登上報紙，我們想爸媽們應該放心了。午餐後卡車繼續在碎石路上朝左營方向奔馳，沿路黃土飛揚，大家都蒙了一頭一臉的灰塵。眾人心情都不好，少年們一反喧鬧的常態，一個個安靜地望著飛逝的田野發呆。

經過幾個小時的顛簸，總算看到了熟悉的左營南門。車隊開進海青時，校園裡出乎我們意料地，早已圍滿了等待孩子的家長和看熱鬧的人。我們這最後一輛卡車剛進校門，我就看到媽媽正在一輛一輛車地張望，尋找我的身影。我趕快伸出手來喊她，她聽到我的聲音，轉過身看到我的時候，竟高興得流下淚來。

車子停妥，同學們紛紛跳下車，高興地跟家人團聚，開始講述這兩三天的遭遇。那時代的軍人爸爸和軍眷孩子都不懂得如何表達感情，所以看不到相擁而抱的熱烈場面。我問我媽說報紙上不是登出了受傷名單嗎？沒有我的名字就表示我沒有受傷啊。我媽說那是今天的報紙，昨晚車禍消息傳來時，整個左營眷區都震動了，但所有人都不清楚車禍的詳細狀況。她認為只要有什麼好玩的事，我一定跑在前面，認定我「絕對」在出事的車上，所以她擔心得一晚上都沒睡覺。

從學校回家的路上，認識的大人、小孩都跟你打招呼，說：「回來啦？沒事吧？」老媽跟他們說還好沒事，我覺得受到這麼大的注意有點不好意思。

星期一到學校，男生各班都有人受傷缺席，我們小隊的劉居廉整個鼻子直接摔到地上，鼻子和雙眼都腫得很厲害，他的照相機也找不到了。下午得到消息，說所有重傷的同學都已經轉回到了海軍總醫院，因為他們住院治療不用花錢。放學後，亞雄、永璋、楊胖和我，又和許多同學騎車到總醫院去探視他們。在醫院裡我發現各家家長和受傷同學之間都互相交換營養品和伙食，本來就是同事、同學、鄰居的海軍家庭，再次在災難降臨時發揮「同舟共濟」的精神。

一個星期以後，受傷的同學們才陸續回到學校，還有人耽誤了更久。他們頭上的紗布和手臂上的吊帶都繼續提醒著剛剛發生過的災難。三年來一直期盼的露營活動，用一種特殊的方式給我們留下了永難磨滅的記憶。

15　半椿小子

15-1　獎學金

車禍事件吸引了大家的注意力，初三上學期似乎過得特別快，轉眼間寒假就到了。寒假裡，我在《革命軍》雜誌上看到了一則獎學金的消息。《革命軍》是一本國防部發行的小冊子，主要是提供一些時事和軍中福利、軍人待遇方面的消息和宣傳。我爸爸每個月都會帶一本回來，我總會拿過來翻一翻，找些軍中的小故事來看。我注意到這一期的封底上有一則「軍人之友社」提供的軍人子女獎學金發放辦法，辦法中提到了初中生全學期學業成績平均達到多少分，可以申請多少金額的獎學金等等。

我把這個消息告訴亞雄，他因為這學期功課大有進步，覺得自己很有希望，所以非常感興趣，我倆開始急切地等待學校發成績單。領了成績單，我們發現我倆都夠資格了。我稍微不滿意的是，兩年來成績一向落在我後面好幾名的王亞雄，這學期的總平均成績居然超過我一點點，變成了三年丙班第一名。

不管怎樣，我們的分數既然達到標準，我們就帶著證明軍眷身份的「眷補證」和成績單，按照小冊子上的地址，騎腳踏車到高雄市政府對面的「軍人之友社」去了一趟。到了軍友社事情辦得出奇順利，工作人員看完資料，做好登記，二話不說馬上就數鈔票，把獎學金發給了我們。我和亞雄領到的數字相同，都是台幣一百五十元。我倆就像發了橫財的暴發戶一樣，一路興奮地回家。至於這一百五元的去向呢？我想就是吃吃零食、看看電影就花完了，總之我們都沒有向家裡交帳。

15-2 紅湯匙

海青工商現在的正門，以前是海青中學的自助新村側門。馬路對面自助新村的第一家小店，名叫「匡家小店」，由一對老夫妻經營。得地利之便，匡家小店永遠擠滿了海青的學生。我記得他們至少賣過刨冰、泡菜和燒餅等大家都會光顧的飲食。熱天是吃冰的季節，亞雄、永璋和我出了校門，總會先在匡家小店吃碗刨冰，才轉到別地方去玩。有一次，吃完了冰走回大馬路上，亞雄從口袋裡掏出一根剛才吃冰用的小勺，說：「看，我把這根勺子帶出來了。」我問他，拿這根勺做什麼？

亞雄說：「沒用啊，好玩嘛！以後我每次都要把勺子拿出來。」說著就把那根鋁製的薄薄小勺子折成了好幾段，順手丟到路旁的水溝去了。

下一次吃冰，亞雄順手牽羊又拿了另一根小勺，說：「看，我又得手了。」照樣折了幾折，丟掉了。

第三次，亞雄又拿走了一根小勺。不過這次不一樣，他揚了楊手中勺子說：「怪了，這次老闆給了我一根紅色的塑膠勺。」

話音剛落，就聽到後面有人喊我們：「喂！等一下！」回頭一看，匡家小店的老闆赫然站在我們背後。

「你們是不是拿了我的勺子？對！就是這支，趕快還給我！」他手指著亞雄手裡還沒來得及收起來的紅色塑膠小勺說。現行犯被逮了個正著，亞雄只得訕訕地把勺子交還了老闆。老闆收回了勺子，還補了一句：「我早就注意到你們了，所以今天才特別拿根紅勺子給你們。」

哇，好厲害！這老匡真細心，為了對付調皮學生，還煞費苦心地安排了「誘敵深入，製造證據」的招數，可見他除了生意興隆之外，平常吃海青調皮學生的虧還不少呢！

15-3 悠閒的星期日

不知道什麼時候開始，有一段時間每個星期天，猿猴、亞雄和我三人小組都會到中正堂去看電影。標準程序是亞雄先出發找我，我們共乘，或是各騎一部腳踏車，先到自助新村二十號袁永璋家，在他們家聊會兒天。大約一點鐘或一點半，三人從猿猴家出來，騎車到中正堂。到了中正堂第一件事是把下午三點的電影票買好，然後順著下坡騎到港口去，看看有什麼大船？港口的衛兵從來不攔阻我們，我們身上的海青中學制服就說明了海軍子弟的身份。

到了碼頭，在軍艦邊上到處溜達。儘管我們都知道台灣最好的軍艦也只是二戰時期美軍的剩餘物資，但巍峨閃亮的灰色巨艦、艦炮、旋轉中的雷達和彩色旗幟，包括軍港裡的汽油味、汽笛聲、水手們的吆喝聲、三兩隻飄過的海鷗，都永遠讓少年們著迷。說到軍艦，我只分得清「陽字號」驅逐艦和「中字號」運輸艦，其它較小的船隻和它們的類別就搞不清楚了。這方面袁永璋比我和亞雄稍微強一點，可以說得出魚雷艇和掃雷艇有什麼不同。但他所知也有限，畢竟他爸爸也不在艦上服務。偶爾我們會看到傳聞中的潛水艇「海獅」、「海豹」，就覺得大有收穫，議論一番。碼頭或艦上的軍官、水手對我們一向很友善，經常會跟我們聊上幾句。看看時間差不多了，我們就騎回中正堂，寄存了腳踏車，進場看電影。進場以後，如果口袋裡還有剩餘零錢，我們就買根雪糕吃。

如果不去港口，我們就在中正堂前的花園，找個樹蔭坐下來聊天、看人。在中正堂前面聊天挺舒服的，各村同年齡的男女同學很多，總會有相識的同學湊過來一起聊。我們指指點點的談論那些眷村裡的名人，和那些愛穿奇裝異服的傢伙。那年頭最流行的裝扮是「扣扣鞋」和「ＡＢ褲」。「扣扣鞋」是一種短筒的皮底皮鞋，鞋底兩邊和前面各釘有一個鞋釘，走起路來「扣、扣」作響。「ＡＢ褲」則是一種低襠、短腿的長褲，穿起來好像人長得太快，布料不夠似的。眷村裡面愛「騷包」的少年郎，都是這麼打扮。我們三個人中間只有袁永璋有一雙「扣扣鞋」，我和亞雄還是穿高筒的「大頭皮鞋」。不過袁永璋比較保守，他也只敢在星期天穿他的寶鞋，從來沒把扣扣鞋穿到學校去過。

我們聊天時也對穿得花枝招展的女生們品頭論足一番。這些女生不是以前跟誰同過班，就是哪個人的鄰居。就算看到不認識的生面孔，打聽起來也很容易。其實，我們也沒特別注意過什麼人，只是隨便聽聽、講講，享受悠閒的星期日。中正堂兩旁有軍官俱樂部和士官俱樂部，有時候我們也跑進去看人家打撞球。不久，一點鐘的電影散場了，我們就去排隊等候進場，看三點鐘的電影。

初中三年級以後，好像大部分電影都是在中正堂看的。相比之下，中山堂似乎就少去了些，除非遇到特別好看的電影，才會趕過去。

電影大約五點鐘散場，三個少年才悠悠然地在夕陽西下和清涼的海風中騎車回家。

大約三十五年以後的民國八十八年夏天，我們全家從溫哥華回台，我帶女兒建文到左營亞雄家做客。建文和亞雄的兩個女兒照婷、照媛都是高中生，比我們當年的年紀還大些。聊得開心，我們決定舊地重遊，帶女兒們到中正堂看場電影。一行五人，由亞雄開車直驅中正堂。那天我驚訝地發現，運作了四十年的中正堂，各方面似乎都沒有什麼變化，連一樓賣冰棒的雪櫃都放在當年的位置。

記得那天的電影是好萊塢大片《彗星撞地球》（Deep Impact），我和亞雄都不怎麼專心看電影，放映中我們一直講個不停，重溫舊夢的感覺大過了看電影本身。旁邊帶女朋友看電影的小夥子最後終於受不了了，說：「阿伯，拜託哦！你們是真看不懂還是什麼的？」

亞雄回應得跟小時候一樣調皮：「當然啊，這麼複雜的電影，不討論討論怎麼看得懂啊！」女兒們和我都捂住嘴偷笑。

其實小夥子哪裡明白，兩位外表年長的阿伯，此時內心裡不過是個十來歲的少年呢！

15-4 半椿小子

初三下學期，日子還是一天天如常地過著，但即將畢業的氣氛漸漸瀰漫，高中聯考的鼓聲也隱隱約約在遠處響起。這段期間，少年們的身材迅速竄高，開始往成人應有的身高發展。有天我跟劉寡婦（劉光復）走在果貿村子口，他忽然說：「哇！你怎麼一下子長了那麼多？」他似乎嚇了一跳，說我快要追上他了。亞雄、永璋、楊胖他們也長得很快，三個人都超過了一百七十公分，楊胖可能還突破了一百七十五公分。我媽有天下班碰到我們幾個人放學回家，她也驚訝地發現我們都長高了，說：「嘿！瞧瞧，你們幾個小傢伙都變成半椿小子啦！」

亞雄跟我說，我們現在正處於「尷尬」年齡，既不夠大，又不算小。人家辦正經的大事情會認為我們不夠格，把我們排除在外；如果別人照顧弱小，給年紀小的人一點優待，又會對我們忽略不計。我聽他這麼說也覺得有一點道理，我雖然希望個子快一點長高，但對於成為大人這類事情並沒有多想。

行動上我們確實漸漸有了幾分獨立性，至少懂得自己去照相了。畢業前，亞雄、永璋和我結伴到左營大街「每天照相館」去照了張合影，正式為我們的少年時代畫上了句號。再見了，可愛的少年時代。再見了，值得懷念的海青中學。

初中畢業時王亞雄、袁永璋、駱雄華的合照

保持50年友誼的4個老朋友（左起楊崇相、袁永璋、駱雄華、王亞雄）

16 結語：塵土上的陽光

初中畢業的時候，「少年不識愁滋味」，只是懵懵懂懂、開開心心地走到了人生的另一個學習階段。然而，猛一轉身，昔日的少年郎已經六十多歲了，白髮蒼蒼地邁入「人生結局」的新境界。是呀，應該開始盤點存貨嘍！

這些日子以來，我像一個勤勞的漁夫般，一次又一次在自己的腦海中撒網，試圖撈取一些少年時代的故事。撈到一些寶貴的記憶後，我又像個細心的工匠般，用心把它們擦洗乾淨，一一陳列起來，自顧自地在那兒欣賞它們古老的風味。有位作家說過：「寫作讓我們品嘗兩次人生，一次在當時，一次在回憶裡。」所言的確不虛，勤勞的漁夫正在品嚐第二次少年滋味。

回看我們這一代人的幼年時期，其實一直都存在著兩大「生命威脅」，好像漫天的塵土般，緊緊窒息著我們的生活：

第一個生命威脅是「全球原子大戰」。二戰時美國曾經投擲了兩顆原子彈而結束了戰爭，當時原子彈的威力讓全世界老百姓都嚇壞了。戰後美蘇兩大超級強權又生產了更多原子、核子彈等大規模殺人武器。兩國之間劍拔弩張的冷戰期間，大家心裡最害怕的，就是萬一爆發了第三次世界大戰，雙方不小心殺紅了眼，心一橫，可能會互相亂丟原子彈來玩命。當年最流行的說法是：古代羅馬和迦太基的爭霸戰中羅馬人勝利了。但現代核子戰爭的結果，只會造成兩敗俱傷的「兩個迦太基」，而沒有「一個羅馬」。在隨時都可能變成「世界末日」氣氛下長大的我們這一代，想不害怕都不行。幸好，人類好鬥的本性，還沒有瘋狂到不想活下去的地步。一九六九年以後，擁有核武器的國家間進行了大量談判，日後又簽署了一系列限武條約，總算大大降低了核戰爆發的可能性。時至今日，我們老一代人已經漸漸淡忘了核戰的威脅，而新一代人甚至不知道戰後還發生過長達三十多年的全球性「核戰恐懼症」哩！

成長中如影隨形的另一個戰爭威脅，當然就是號稱要「血洗台灣」的國共大戰啦！我們雖然從出生以來就被「反攻大陸」使命所洗腦，可是全台灣「枕戈待旦」地等了又等，老一代軍人父兄陸續退伍，後輩子弟一批批服兵役，然後也退伍了。老天保佑，國共雙方虎視眈眈的大決戰，總算因為各種因素的牽制，而沒有真正爆發。如今六十五年過去了，海峽兩岸的中國人終於擴大了思維，體認到和平的可貴，而開始認真考慮彼此都能接受的長期和平方案了。

就這樣，兩大戰爭威脅最後都沒有變成可怕的事實。我們這一代戰爭年代後出生長大的孩子，居然在陰影和夾縫中找到一線陽光，安安穩穩地享受了「和平的大半生」。隨著年齡的增長，我漸漸明白，戰爭絕對不是「遊戲」，它的本質是恐怖無情的殺戮。不論用多麼美麗的詞藻來描繪「視死如歸的戰鬥」、「可歌可泣的壯烈犧牲」，還是「欣喜若狂的偉大勝利」，都意味著寶貴生命的損失，都是人類的不幸。芸芸眾生只有生活在和平歲月裡，才有機會細細品嘗生命的賜予，才有機會透過那些開心、痛苦、快樂、憂愁、驚訝、進退維谷、喜出望外、刻骨銘心……的生活際遇，一點一滴地認識生命的內容。其實，每個人出生時，對於自己的膚色、性別、家庭和「將要經歷的時代」都沒有選擇的餘地。我終於領悟：任何人有幸能在和平歲月中「無災無病」地度過一生，就可算得上是一個「幸福人」了。看看自己平凡、扎實而豐富的大半生，一種幸福的感覺油然而生。

別看我在這裡講述陳年往事，一切好像都挺自然的，其實觀察一下我這個微小生命出生前的背景：**「一九四九年每一千個中國人中，只有三個人來到寶島台灣，我父母在戰亂中離散後卻匪夷所思地在台灣團圓了。」**我總是感覺「我」的存在不但是與生俱來的幸運，甚至還可算為一個奇蹟呢！我常常為這個奇蹟而感恩不已。

我的「原生家庭」雖然談不上有什麼門第，父母也不算富裕，不過小家庭裡卻從來不缺乏父母對子女的關心與呵護。從小成長在眷村裡，儘管不小心學會了講粗話；然而鄰里之間溫暖的照應，同學玩伴之間的友誼和無憂無慮、騎著腳踏車瞎逛的快樂時光，早已遠遠彌補了環境的不足。在海軍軍區裡耳濡目染的「陽剛、正直、奮鬥」氣息，無形中都已轉化為上進的動力。少年時代感覺上那些遙不可及、無法預測的未來，現在都已經變成了溫暖的回憶。如今，我接受過完整的教育，建立了美好家庭，旅行過許多想也沒有想到過的地方，還抱到了可愛的孫子。事業上雖說沒什麼值得誇耀的成就，倒也兢兢業業，盡了養家活口的本分。這一切，都是生命的禮物，都來源於可貴的「和平歲月」。

父親還在世的時候，我覺察到他愈來愈衰老了，曾經問過他：「有沒有什麼未了的心願，要我去辦呢？」我爸的回答是：「沒有，了無遺憾。」老人家半生顛沛、一生勤儉，而我自己這一生從任何角度看，都比他過得安穩、豐富得太多了，我還有什麼不知足的呢？我為上帝把我短暫的一生，安排在這樣一個「看是漫天塵土，實則陽光燦爛」的和平歲月裡，而感到萬分慶幸，而獻上無限感恩！

只有和平歲月才能得到的幸福（2008年作者全家駕車環遊美國，來到美國佛羅里達州「迪士尼世界」）

Do歷史27　PC0434

塵土上的陽光

──海軍左營眷村憶往

作　　者／駱雄華
責任編輯／劉　璞
圖文排版／楊家齊
封面設計／王嵩賀

出版策劃／獨立作家
發 行 人／宋政坤
法律顧問／毛國樑　律師
製作發行／秀威資訊科技股份有限公司
地址：114 台北市內湖區瑞光路76巷65號1樓
電話：+886-2-2796-3638　傳真：+886-2-2796-1377
服務信箱：service@showwe.com.tw
展售門市／國家書店【松江門市】
地址：104 台北市中山區松江路209號1樓
電話：+886-2-2518-0207　傳真：+886-2-2518-0778
網路訂購／秀威網路書店：https://store.showwe.tw
國家網路書店：https://www.govbooks.com.tw

出版日期／2014年11月　BOD一版　**定價**／360元

|獨立|作家|
Independent Author
寫自己的故事，唱自己的歌

塵土上的陽光：海軍左營眷村憶往 / 駱雄華著.
-- 一版. -- 臺北市：獨立作家, 2014.11
面；　公分. -- (Do歷史；PC0434)
BOD版
ISBN 978-986-5729-45-5 (平裝)

1. 駱雄華 2. 回憶錄

783.3886　　103020914

國家圖書館出版品預行編目

讀者回函卡

感謝您購買本書，為提升服務品質，請填妥以下資料，將讀者回函卡直接寄回或傳真本公司，收到您的寶貴意見後，我們會收藏記錄及檢討，謝謝！
如您需要了解本公司最新出版書目、購書優惠或企劃活動，歡迎您上網查詢或下載相關資料：http:// www.showwe.com.tw

您購買的書名：________________________________

出生日期：________年________月________日

學歷：□高中（含）以下　□大專　□研究所（含）以上

職業：□製造業　□金融業　□資訊業　□軍警　□傳播業　□自由業
□服務業　□公務員　□教職　□學生　□家管　□其它____

購書地點：□網路書店　□實體書店　□書展　□郵購　□贈閱　□其他

您從何得知本書的消息？

□網路書店　□實體書店　□網路搜尋　□電子報　□書訊　□雜誌
□傳播媒體　□親友推薦　□網站推薦　□部落格　□其他________

您對本書的評價：（請填代號　1.非常滿意　2.滿意　3.尚可　4.再改進）

封面設計____　版面編排____　內容____　文／譯筆____　價格____

讀完書後您覺得：

□很有收穫　□有收穫　□收穫不多　□沒收穫

對我們的建議：________________________________

____

____

____

請貼
郵票

11466
台北市內湖區瑞光路 76 巷 65 號 1 樓
獨立作家讀者服務部 收

（請沿線對折寄回，謝謝！）

姓　　名：＿＿＿＿＿＿＿＿　年齡：＿＿＿＿　性別：□女　□男

郵遞區號：□□□□□

地　　址：＿＿＿＿＿＿＿＿＿＿＿＿＿＿＿＿

聯絡電話：(日) ＿＿＿＿＿＿＿＿　(夜) ＿＿＿＿＿＿＿＿

E-mail：＿＿＿＿＿＿＿＿＿＿＿＿＿＿＿＿